中学校
数学指導の疑問
これですっきり

愛知教育大学名誉教授 **柴田録治** 監修
岡崎市算数・数学教育研究部 編著

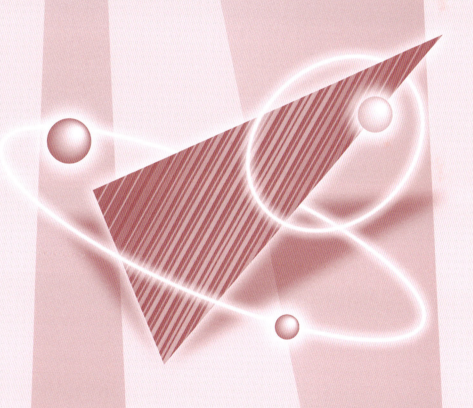

黎明書房

監修のことば

　将棋の名人たちがコンピュータと対局して，敗退したというニュースに驚愕したのは，私だけではないでしょう。これら天才でさえ来るべき日がやってきたのかとの思いです。この類の出来事は，最近の AI(人工知脳) が，数年前には予想もつかないほどの多量のビッグデータの集積に支えられ，また有効で迅速な処理を可能とするソフトアプリ開発で，まさに人知を超える存在へと成長したことによるものです。このようにロッボットや AI は，人に代わって人々の仕事を代行し始めています。仕事の種類はますます増加して，近未来には，現存する職種の７，８割は代行可能の試算もあります。もし事態がそう進行していけば，私たちが教室で接している生徒たちの大半は，職が得られず，路頭に迷うことになるでしょう。

　であればこそ，社会的要請としての，AI 時代をよりよく生きる人の育成という教育は喫緊の課題であり，数学の学びの中でも少なくとも AI 時代対応の学力育成がなされることを願うのです。例えば，「知識・技能」習得の重要性は変わりないですが，機械的な暗記ではなく，先立つ学習でのアイデアやそこでの考え方を大切にする学習指導の工夫により，定着だけでなく，発展性，生産性及び，学びのよさを含めての習得が願われます。そのような授業の中では，学び手の活動（発想，構想，発問，反問，確認，………，評価，総括）が，主体的に協働的に楽しみを以てなされていくことでしょう。

　それには，まず，日常当面する教育実践中に発生する疑問の分析解明，立ち位置の明確化，及び方向を定めつつ，その学習方法の工夫により視点を定めた着実な教育実践がなくてはなりません。

　本書は，姉妹編というべき『算数指導の疑問これですっきり』と同じく指導上の疑問に対する私たちの真摯な考えを述べたものです。それは，時には「指示」の言葉等になっているものもありますが，その真意は「当の学習者本人がそのように考え，活動するように，環境を整えてほしい」という趣旨であります。だから，本書での複数解答は，そのような多様な解があれば，それらを活用し授業を組み立てる必要があるとの考えからです。とかくありがちであった都合のよい正答だけを取り上げて授業を進める時代は，終わりが迫っています。

　本書は，現実の教室で，謙虚に悩みながら人知れず努力を重ねておられる多くの教師への支援書になっていてくれることを願っています。指導法には多彩な試みがあって当然ですが，それだけに，内容の是非・程度を利用される方の体験とすり合わせて評価いただけると幸いです。

平成 29 年 1 月

愛知教育大学名誉教授　柴田　録治

発刊によせて

　現在，学習指導要領改訂の方向性として，新しい時代に必要となる資質・能力の育成が問われる中，学びを人生や社会に生かそうとする「学びに向かう力・人間性」の涵養，生きて働く「知識・技能」の習得，未知の状況にも対応できる「思考力・判断力・表現力」の育成が議論されています。特に，主体的・対話的で深い学び（アクティブ・ラーニング）の視点からの学習過程の改善が話題となっています。

　「その原点は何か」と言いますと，やはり1時間，1時間の「授業」にあり，その授業を大切にし，改善を図っていくということは言うまでもないでしょう。そこで，その日々の授業をさらに充実させようと，岡崎市算数・数学部の教師が，これまでの中学校数学教育の研究成果を『中学校数学指導の疑問これですっきり』としてまとめ上げました。そして，このように発刊に至ったことを心よりうれしく感じています。

　教師が日々生徒と授業をしていると，その指導内容にふと疑問を持ったり，生徒の素朴な質問に遭遇したりすることがあります。そして，その解決についてどのようにすればよいか困ることもあります。本書は，そんな中学校の教育現場で指導する数学教師が疑問に感じたことを聞き取り，集約し，それをもとに構成，編集されており，しかも，その指導の仕方について具体的な事例を挙げて丁寧に説明されています。数学教師として指導する上で知っておくとよいこと，身に付けておくとよいことが事細かに書かれている，いわば数学を教える教師の基礎・基本と言うべきものとなっています。本書が1冊手元にあれば，数学の授業での数々の疑問に対する答えや生徒に教えなければならないことが分かります。また，学習指導要領や教科書の内容に準拠した授業展開の事例やノート指導・板書のあり方などにも触れてあります。そして，そのような本書の編集，発刊に意欲的に携わり，さらなる研究を進めたのが，多くの岡崎市の若手算数・数学教師であったことに，大きな喜びを感じる次第であります。

　数学を指導する多くの教師が，ぜひ本書を授業実践に活用し，教師としての力量をいっそう高め，岡崎市をはじめとした多くの生徒の数学の学力向上につながることを願ってやみません。

　平成29年1月

岡崎市教育委員会教育長　髙橋　　淳

はじめに

　教育について，よく「不易と流行」が語られます。現在，次期学習指導要領が検討されている中，新しい「流行」にかかわる内容が脚光を浴びています。もちろん，それは現在という変化の激しい社会の中でたくましく生きていく子どもを目指す上では必要なことです。しかし，基盤となっているのは，先人がつくり伝え続けられてきた「不易」にかかわる内容なのです。そうした思いをもって，私たちはこの『中学校数学指導の疑問これですっきり』をまとめ上げ発刊することができました。このことは私たちにとってのこの上もない喜びです。

　私ごとで恐縮ですが，私の教師人生は，昭和54年，中学校数学教師としてスタートしました。若さと勢いだけで授業をしていた私は，同僚の数学部の先輩に，教材や授業について多くの質問をしました。その時に紹介していただいたのが『一問一答』という小冊子でした。これは，岡崎市算数・数学部の教師が昭和46年から毎年1冊ずつ算数・数学の授業のアイデアをまとめたものでした。新任教師の私にとってはまさに「かゆいところに手が届く」ような，ありがたい参考図書でした。そして，私の悪戦苦闘の1年が終わろうとする昭和55年2月，その集大成として『算数・数学「一問一答」』が刊行されたのです。それは岡崎市だけでなく三河，愛知において，長い間，数学教師のバイブルであり，適切な「指導の手引書」として算数・数学教育の発展に寄与してきました。その後も，岡崎市算数・数学部の教師は，『算数指導の疑問これですっきり』(1981年)，その改訂版(1993年)，そして，岡崎市算数・数学部の進歩の姿を示し続けるように，『新・算数指導の疑問これですっきり It's OK』(2012年)を発刊しました。

　これら小学校版の書籍を刊行する中で，次回はぜひ中学校版「これですっきり」を発刊しようとする悲願が芽生え始めてきたのです。そのことは，岡崎市算数・数学部の若手教師のさらなる力量向上と中学校数学教育の充実・発展につながるもので，価値のあることと考えていました。そして，今日只今，その悲願が現実のものとなりました。まさに，私たちの先輩の業績の上に立ち，「不易と流行」を私たちなりの形にすることができたのです。

　私は，新任の年に『算数・数学「一問一答」』を手にして研修に励みました。そして，退職の年に中学校版「一問一答」である『中学校数学指導の疑問これですっきり』を，今後の岡崎市算数・数学部を担って行くであろう多くの若い仲間とともにまとめ上げ，明確な進むべき指針を示すことができたことは，数学教師冥利に尽き感慨無量です。

　本書が，数学を指導する教育現場で大いに利用，活用されることが，私たち教師の力量向上につながり，数学指導に大きな効果をあげるものと期待しております。

　平成29年1月

　　　　　　　　　　　　　岡崎市現職研修委員会算数・数学部長　　加藤　政幸

もくじ

「数と式」の問題

第1学年「正の数・負の数」

第1学年「文字の式」

第1学年「方程式」

第2学年「式の計算」

第2学年「連立方程式」

第3学年「式の展開と因数分解」

第3学年「平方根」

第3学年「二次方程式」

「図形」の問題

第1学年「平面図形」

第1学年「空間図形」

第2学年「図形の調べ方」

第2学年「図形の性質と証明」

「関数・統計」の問題

第2学年「確率」

第3学年「標本調査」

「共通」の問題

「ノート指導・板書」の問題

中学校数学指導の疑問
これですっきり

「数と式」の問題

第1学年「正の数・負の数」

> **問①** 負の数の導入としてどのような方法がありますか。また，負のイメージを与えるにはどのような指導をすればよいですか。

〈解〉　負の数の導入として様々な方法が考えられる。例えば，図1のように，温度計で0℃より低い気温を表すときなど，マイナスの符号のついた数であることに目を向けさせ，これをきっかけとして負の数の導入をする。また，収入と支出，標高と海面下の位置の表し方（図2）など，反対の性質をもつ量を表すことを通して，負の数を使った表現に慣れさせることができる。

[図1]

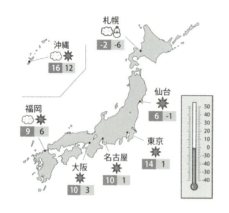

[図2]

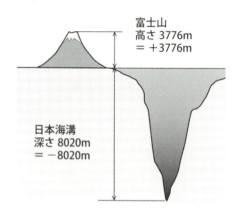

　この過程では，0を「無」として表すだけでなく，都合のよいところを「基準」として選び，0を位置付けてよいことに気付かせるようにする。ここから，基準を0としたとき，例えば，東西方向の移動を正の数・負の数で表すことを考え，数直線上の移動によってとらえられるようにすることができる。

　このような正の数・負の数の利用場面例として，時差，ゴルフのスコア，サッカーのリーグ戦の得失点差，トランプゲームの点数の数え方などがある。

第1学年「正の数・負の数」

> **問②** 4－6を「4ひく6」と読ませますか，「4マイナス6」と読ませますか。

〈解〉　文字の式の単元で項を指導するまでは「4ひく6」と読み，それ以降は，「4マイナス6」という読み方にするとよい。

　　小学校第1学年において，「5ひく3」を「5－3」（－：演算の記号）と表現すること
を学んでいる。すなわち，2数 a , b が $a \geqq b$ のとき，演算 $a-b$ が定まり，式として
書くことができる。

　　中学校第1学年になり，減数が被減数より小さい数だけでなく，大きくなった場合
にも，結果を表そうとして生み出されたのが負の数である。その計算について，次の
ように，$4-6 = 4+(-6)$ とし，$4-6$ は4と (-6) の和であるということを指導して，
「4マイナス6」という読み方に意味付けされる。それ以前は，「4ひく6」の意味とし
て扱う。

$$4-6$$
　　　　　　　　……「4ひく6」
　　　　6は正の数だから正の符号（＋）を付ける
$$4-(+6)$$
　　　　　　　　……「4ひく プラス6」
　　　　＋6をひくことは，－6をたすことと同じ
$$= 4+(-6)$$
　　　　　　　　……「4たす マイナス6」
　　　　正の符号＋を省いて表す
$$= 4-6$$
　　　　　　　　……「4マイナス6」

　　代数和を扱う学習では，加法や減法を含む式を，1つの演算のみで表現される式と
して処理を進めることができる。同様なことは，小学校で除法が，逆数を用いて乗法
のみの数式に置き換えることを学んでいる。このような計算の仕方や表し方について，
生徒が工夫することを通して，どう読めばよいのか話し合う場面をもつようにすると
よい。

第1学年「正の数・負の数」

問3　加法や減法をどのように数直線に表せばよいですか。

〈解〉　加法や減法は次のように数直線に表すことができるようにする。

(1)　$(+6)+(+4)$ の場合

　　　2項演算の加法 $(+6)+(+4)$ を数直線上に表すと，小学校では，6に加数4を加
　　え10になる計算を，例えば，図1のように数図ブロック等で6並べ，さらに4並
　　べて和10を求めてきた。

[図1]

　　正の数の加法では，符号の＋がついただけの数を扱うので，それぞれの数を，＋6，
＋4，＋10とすればよい。よって，$(+6)+(+4)$ の場合は図2のようになる。

[図2]
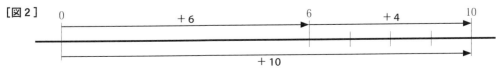

　　同じように，$(-6)+4$ でも，図3のように，(-6) に加数4を加えて答えを求める。

[図3]

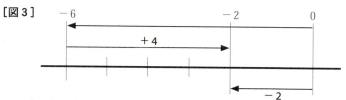

(2) $(+6)+(-4)$ の場合

(1)の場合から，$(+6)+(+3)$，$(+6)+(+2)$，$(+6)+(+1)$ について，答えはそれぞれ 9，8，7 となる。$(+6)+0$ は $+6$ となることから，$(+6)+(-1)$，$(+6)+(-2)$，$(+6)+(-3)$，$(+6)+(-4)$ について，答えは同じように $+5$，$+4$，$+3$，$+2$ となると考えられるので，図4の数直線になる。

[図4]

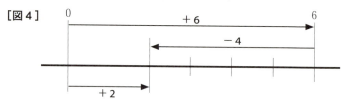

(3) $(+6)-(+4)$ の場合

減法 $(+6)-(+4)$ を数直線上に表そうとすると，前項は表すことができても，後項 $(+4)$ の始点をどこにとればよいかが分からない。

そこで，$(+6)-(+4)=\square$ が分からないので，逆算して $\square+(+4)=+6$ を図2を基に説明しようとすると，図5のような数直線になる。

[図5]

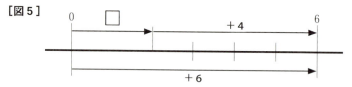

図5は，$(+6)-(+4)$ で，$\square$ は $+2$ という確認を前提に矢印でつなげれば，$-(+4)$ を $+(-4)$ と読み換えることができる。そうすれば，(1)と同じ考え方となり，図6のようになる。

[図6]

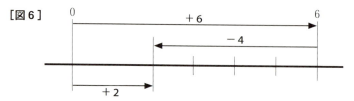

このようにして，負の数を含む加法や減法を数直線で表すことによって，計算の説明ができる。

第1学年「正の数・負の数」

問4 負の数をひく計算は，どのように指導したら効果的ですか。

〈解〉　負の数をひく計算については，次のように主に5つの方法を挙げる。

(1) 数直線を使う方法①

「数と式」問❸と同様に考えることができるようにする。$(+5) - (-3)$を例として説明すると，$(+5) - (-3) = \square$ として逆算で考えると，$\square + (-3) = +5$ となるので，図1のような数直線になる。

[図1]

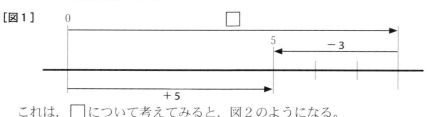

これは，$\square$ について考えてみると，図2のようになる。

[図2]

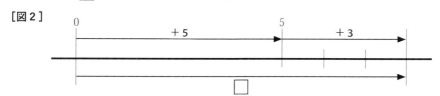

図2で，$\square$ は $+5$ 移動して，$+3$ 移動したことを表し，$\square = (+5) + (+3)$ と表すことができる。

図1と図2から，$(+5) - (-3) = (+5) + (+3)$ となり，-3 をひくとは $+3$ を加えることと同じことと導くことができる。

(2) 数直線を使う方法②

「数と式」問❸の(3)の後半の考えを利用して，$(+5) - \square$ の計算は，数直線上の被減数 $+5$ を基準点として，減数 $\square$ が正ならば左の方向に，0 ならば基準点の座標 $+5$ とし，負であれば右の方向に絶対数の大きさの距離にある点を探すことであった。そのため，減数が -3 であれば，右の方向に 3 離れた点を求め $+8$ を答えとする。なお，後半の考えのよさは，被加数の表す点を基準点として加数を表すことであり，力学の力の合成やベクトル和に発展する考えである。

(3) 減法の性質を使う方法

例えば，123 と 115 との差は，100 を省略した 23 と 15 の差になっている。被減数と減数に同じ大きさの数をたしてもひいても差は等しいという，次のような減法の性質がある。

$$A - B = (A + C) - (B + C) \qquad A - B = (A - C) - (B - C)$$

この減法の性質は，正・負の数の世界でも成り立つものである。

$$(+5) - (-3) = \{(+5) + (+3)\} - \{(-3) + (+3)\}$$
$$= (+5) + (+3)$$

(4) 用語の意味を考える方法

「3小さい」ということと「-3小さい」ということを対比して，用語の上から，-3小さいということは3大きいことと気付くようにする。

$5-(-3)$ ……5円持っていた。そして，−3円支出した。

$=5+3$ ……5円持っていた。そして，3円収入したことになる。

(5) トランプ遊びを利用する方法

トランプ遊びを利用して，得点計算から，$5-(-3)=5+3$となることに気付くようにする。

トランプの黒字カード（♠，♣）は，その数字が得点，赤字カード（♦，♥）は，その数字が失点とする。まず，3枚ずつ手持ちのカードを生徒に配付する。トランプゲームでババ抜きを行う要領で，グループの中で順を決め，友達のカードを1枚取り，他の友達に1枚カードを取られることを繰り返す。そのときに，1枚のカードが移動するごとに，自分の持っているカードの総得点が増えたのか，減ったのかを考えるようにする。

［例］　図3のように手持ちのカードが，黒字の
カード♠6と♣3，赤字のカード♦4を持っているとする。このときの得点は，

$(+6)+(+3)+(-4)=5$

となり，得点は5となる。

次に，図4のように赤字のカード♦4を抜きとられたとすると，その操作は

$5-(-4)$

と表すことができ，得点は5＋4で求められる。つまり，

$-(-4)=+4$

であることを理解できる。

［図3］

［図4］

このように，遊びの過程の得点計算を考えながら，その思考過程を表現することで，負の数をひく計算の意味を理解できるようにする。

第1学年「正の数・負の数」

問⑤　（負の数）×（負の数）＝（正の数）となることの効果的な指導事例はありますか。

〈解〉　正の数をかける計算については，小学校で学習した累加，例えば，$2×3$は，2を3回加えるという見方を，$(-2)×3$のような計算にも同じように適用し，（負の数）×（正の数）の計算の仕方を導くことができる。

問題となるのは，$(-2)×(-3)$のように，負の数をかける計算の仕方をどのように説明するかということである。これについて，次の(1)，(2)，(3)の方法を挙げる。

(1)　具体的な量を基に，例えば「距離＝速さ×時間」などに負の数を当てはめて説明する方法である。図1は，毎時4kmの速さで歩く人の時間と距離との関係を考え

る。東への移動を正の数で，西へ
の移動を負の数で表すようにする。

　まず，東へ向かって毎時 4 km
の速さで歩くAの場合，現在より
2 時間後のBは +8 km となるから

$$(+4) \times (+2) = +8$$

　現在より 2 時間前のCは，−2 時
間後であり −8 km となるから，

$$(+4) \times (-2) = -8$$

　次に，西へ向かって毎時 4 km
の速さで歩くDの場合，現在より
2 時間後のEは −8 km となるから，

$$(-4) \times (+2) = -8$$

　現在より 2 時間前のFは −2 時
間後であり 8 km となるから，

$$(-4) \times (-2) = +8$$

[図1]

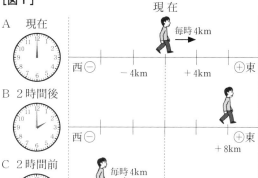

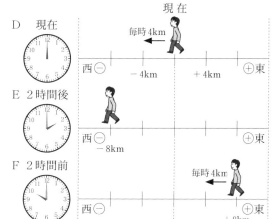

[図2]

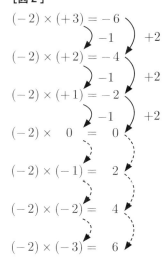

$$(-2) \times (+3) = -6$$
$$(-2) \times (+2) = -4$$
$$(-2) \times (+1) = -2$$
$$(-2) \times \ 0 \ = \ 0$$
$$(-2) \times (-1) = \ 2$$
$$(-2) \times (-2) = \ 4$$
$$(-2) \times (-3) = \ 6$$

(2)　図 2 の数式において，乗数を +3，+2，+1，……
と減らしていき，その積の値の変化を調べ，これを負
の数に拡張できる。このことは，数直線上に計算結果
を表すと，+2 ずつ増えていくことが視覚的にとらえ
られ理解されやすい。

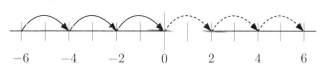

　このことで，乗数が 1 ずつ減ると，積は被乗数 −2
ずつ減ってきていることに気付かせることができる。そして，「−2 ずつ減る」すな
わち「2 ずつ増える」ことを理解させることができる。

(3)　分配法則を使う。例えば，$-2 \times (-3) = -2 \times (0 - 3)$
$$= \{(-2) \times 0\} - \{(-2) \times 3\}$$
$$= 0 - \{-(2 \times 3)\}$$
$$= 2 \times 3$$

これは，抽象的な思考に慣れていない中学校1年生には実感を伴わず，理解するには難しさがある。

第1学年「正の数・負の数」

問⑥ -3^2 と $(-3)^2$ との指導について，どんな点に注意して指導したらよいですか。

〈**解**〉　指数を含む計算について -3^2 と $(-3)^2$ が異なり，それぞれ $-3^2 = -(3 \times 3)$，$(-3)^2 = (-3) \times (-3)$ を意味していることや，$2 \times (-3)^2$ のような式では $(-3)^2$ を先に行い，誤りを防ぐようにする。

指導に当たっては，指数を含む計算では，

$-a^2$　……　2乗は a のみにかかっている ……　$-(a \times a)$

$(-a)^2$　……　2乗は $(-a)$ にかかっている　……　$(-a) \times (-a)$

を確認できるようにする。

また，次のような誤りのある計算例を取り上げて計算方法を確認できるようにして，計算の順序を理解できるようにするなど，確実に計算できるようにすることが大切である。

[誤りの例]　$2 \times (-3)^2 = 2 \times (-3) \times 2$
$\qquad\qquad\qquad\qquad = 2 \times (-6)$
$\qquad\quad 2 \times (-3)^2 = 2 \times \{-(3 \times 3)\}$
$\qquad\qquad\qquad\qquad = 2 \times (-9)$

なお，必要に応じて，計算を行う前に乗法の記号「×」を用いて表すとよい。生徒の中には形式的に「（　　）があると正の数」として，$(-3^2) = 9$ とする誤りもある。また，文字式の問題場面で，「$x = -3$ のとき $2x^2$ の値を求めよ」という問題を解くときに，$2 \times -3^2 = 18$ として，結果だけは正しいものを出す生徒もいる。代入する場合，必ず（　　）をつけて，$2 \times (-3)^2$ と書く指導を徹底しておくことが大切である。

第1学年「文字の式」

問⑦　文字を用いることのよさをどのように指導したらよいですか。

〈**解**〉　文字を使用することについては，小学校第6学年から導入されている。小学校では，次のように行っている。

・数の代わりに□，△を使う。

・言葉の式で表す。

・a，x などの文字を使う。

中学校では，文字に対する理解がさらに深まるように，小学校の学習を振り返り，丁寧に文字の世界に慣れさせていくことが大切である。文字の式の意義は次の点が挙げられる。

(1) 文字を用いた式は，数量の関係や法則などを簡潔，明瞭に，しかも一般的に表現することができる。

　［例］　加法の交換法則 $a+b=b+a$，分配法則 $a(b+c)=ab+ac$，

　　　　二次方程式の解の公式など

(2) 文字を用いた式に表現できれば，その後は目的に合うように形式的に処理することができる。

　［例］　（長方形の面積）＝（縦）×（横），（値段）＝（単価）×（個数），

　　　　（道のり）＝（速さ）×（時間）　など

　　　これらは，式 $S=ab$ と表すことができる。また，どの関係においても，式を変形して目的に応じた処理ができる。

(3) 文字を用いた式には，自分の思考の過程を表現し，他者に的確に伝達できるというよさがある。

　［例］　「画用紙 n 枚の四隅をマグネットで留めるときのマグネットの数を求めよ。」

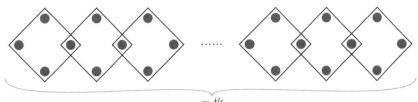

　このことについて，例えば次のように考えられる。

〈考え方1〉

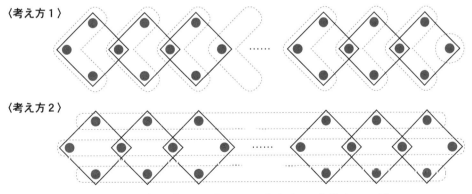

〈考え方2〉

　このような問題では，考え方1では $3n+1$ となり，考え方2では

　$n+(n+1)+n$ となるなどと思考の過程を表現できる。これらは，式としての表現の違いだけでなく，マグネットの数を求める考え方の違いを表現しているとみることもできる。

(4) 事象の中にある数量やその関係を，文字を用いた式を使って表現し，一般的に把握する見方や考え方を育て，形式的な処理を行って新たな関係を見いだすことができる。

　［例］　「赤道のまわりに世界を一周できる道路を作る。地表から $1\,\mathrm{m}$ 離れていたら，

赤道よりもどのくらい長くなるか」について，赤道の長さとの差に着目させ，地球の半径を r（m）とすると，次のようになる。

$$2\pi(r+1) - 2\pi r = 2\pi \text{（m）}$$

このことから，地球の半径 r が消えてしまうため，半径の大きさによらず，同じことが言えるという新たな発見に気付くことができる。

第1学年「文字の式」

問⑧ 文字式の導入として，効果的な指導法はないですか。

〈解〉 文字式の導入において，文字を用いることのよさを感じられるような教材として，次のようなものを挙げることができる。

(1) マッチ棒で正方形を4個作る。

本数の求め方をいろいろな方法で考えた場合を取り上げると，例えば，次のような考え方が予想される。

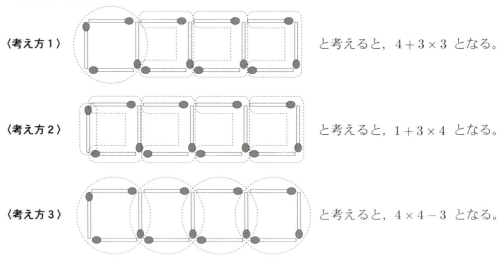

〈考え方1〉 と考えると，$4 + 3 \times 3$ となる。

〈考え方2〉 と考えると，$1 + 3 \times 4$ となる。

〈考え方3〉 と考えると，$4 \times 4 - 3$ となる。

この中で，考え方2を取り上げ，正方形の個数を1，2，3，……個のときのマッチ棒の本数の求め方を考えると，次のようになる。

正方形の数　　　　　　　　　　　　　　　マッチの本数を求める式

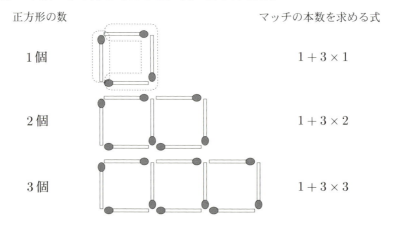

1個　　　　　　　　　　　　　　　　　　$1 + 3 \times 1$

2個　　　　　　　　　　　　　　　　　　$1 + 3 \times 2$

3個　　　　　　　　　　　　　　　　　　$1 + 3 \times 3$

マッチ棒の本数は，いつでも 1＋3×（正方形の数）と表すことができる。正方形の数は 1，2，3，……といろいろな数になるのを文字を使って表すと，マッチ棒の本数は（1＋3×x）本と表すことができる。

この並べ方で正方形を 10 個つくるとき，1＋3×10＝31（本）となり，マッチ棒の本数は，作る正方形の個数によって変わることが分かる。文字を使った式 1＋3×x は，そのすべての場合をまとめていることを理解できる。

このように，文字は数値の代表であり，数の受け皿にもなっていることも理解できるようにする。

(2) 机にいすを並べる。

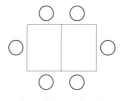

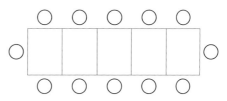

机 2 台　いす 6 脚　　　　　　　　　　　　　机 5 台　いす 12 脚

机が n 台だったら，いすは何脚必要かについて考える場面を文字式の導入とすることができる。

(3) 画用紙の四隅をマグネットで留めていく。

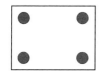

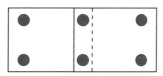

画用紙 1 枚　マグネット 4 つ　　　　　　　画用紙 2 枚　マグネット 6 つ

画用紙を n 枚留めるためには，マグネットは何個必要かについて考える場面を文字式の導入とすることができる。

第 1 学年「文字の式」

問⑨　文字式の単位の付け方は，どのように指導するとよいですか。

〈解〉　単位の付け方にきまりはないが，一般的には次のようにすることが多い。

(1) 数量を，演算記号を用いて表しているとき，文字式に（　　）を付ける。

　［例］　$(3x＋10)$ cm

(2) 数量を，演算記号を用いないで表しているとき，（　　）を付けない。

　［例］　$3x$ g

(3) 等式の注釈として単位を付けるとき，単位に（　　）を付ける。

　［例］　$a×b＝ab$（個）

　(1)の場合，単位に（　　）を付けると単位が式のどの部分にかかってくるのか分かりにくくなるため，式に（　　）を付け，単位が式全体にかかることをとらえやすくする。

また，長さや重さの単位にかかわる表現の中に，次のように誤る例がある。

・$a\,\mathrm{m}\,b\,\mathrm{cm} = (a + b)\,\mathrm{cm}$

・$y\,\mathrm{kg}$の重さのかばんから，$x\,\mathrm{g}$の荷物を取り出した後のかばんの重さ$(y - x)\,\mathrm{kg}$

このつまずきを解決するためには，具体的な数値を文字に代入して確かめるとよい。

［例］　・$1\,\mathrm{m}\,30\,\mathrm{cm}$は$31\,\mathrm{cm}$なのか。

　　　　・$8\,\mathrm{kg} - 5\,\mathrm{g}$は$3\,\mathrm{kg}$なのか。

第1学年「文字の式」

問⑩　$\dfrac{1}{x}$ は一次式としてよいですか。

〈解〉　一次式としてはいけない。

　　　一般に，一次式や二次式という場合は，整式（分母や根号の中に文字が含まれていない単項式と多項式）をさしているので，$\dfrac{1}{x}$ や，$\dfrac{1}{x^2}$ のように，分母に文字を含む式は，$\dfrac{1}{x} = x^{-1}, \dfrac{1}{x^2} = x^{-2}$ というように表されるので，一次式と言えない。

　　　一次の項だけか，一次の項と数の項からできている式を一次式としている。ちなみに $3x$ とか $-2y$ のように文字が1つだけの項を一次の項という。

第1学年「文字の式」

問⑪　x^2 はどのように読んだらよいですか。

〈解〉　「x の2乗（にじょう）」と読む。

　　　自分自身をかけることから，x の「自乗（じじょう）」と読む場合もあり，この読み方も使われているので触れておく必要はある。しかし，特殊な読み方であるから，指数として用いられる数値に「乗」を付けた読み方，例えば，x^2, x^3 はそれぞれ「x の2乗」，「x の3乗」と読むように指導する。

第1学年「文字の式」

問⑫　係数の定義をどのようにおさえたらよいですか。

〈解〉　第1学年と第2学年では，「式の項が数と文字の積であるとき，その数を文字の係数という」としている。第3学年では，$ax^2 - 2bx + c$ の文字に目を付けると，「a，$-2b$ はそれぞれ x^2，x の係数である」としている。

　　　$ax^2 - 2bx + c$ で，定数項 c が係数であるか迷うことがある。高等学校で学習する「解と係数の関係」などでは，定数項も係数としていることから，定数項も係数の仲間に入れて考えることがある。そのため，係数の意味を問う場合，「文字を含む項について係数を言いなさい」，「x の係数について答えなさい」などと表現するように気を付けるとよい。

第1学年「文字の式」

問⑬ 文字式の計算では，$2x + 4$ のように，答えが1つの項にならない場合があります。式が答えになることの理解を図るにはどのように指導したらよいですか。

〈解〉　学習の初期においては，例えば，$5x + 40$，$7a + 3$ のように，演算記号が残ったままにしておくことに違和感をもつ生徒がいる。第1学年では，同類項という用語は用いないが，文字のついた項と数の項での加減は，それ以上簡単にすることができないことをきちんと理解できるようにする。さらに，文字に具体的な数を当てはめることで表した式が答えを導くことを実感できるようにすることが大切である。

具体的な指導については，次のような例を挙げる。

［例1］　1個 x g のドーナツ5個を40 g の箱に入れたときの全体の重さを文字式で表すと，$5x + 40$ である。同時に，答えを導いているので，$(5x + 40)$ g と表すことができる。ここで，例えば，$x = 70$ のとき，$5 \times 70 + 40 = 390$（g）と具体的な数を当てはめて，式が答えを導くことを試す場をもつとよい。さらに，文字式には，実際の数によらず，一般的に表すことのできるよさがあることに気付かせることができる。

［例2］　数の計算では，式は計算の対象であり，計算の答えは数になる。そのため，答えの中に「＋」等の演算記号が残っていると「答えではない」としてしまう生徒がいる。

例えば，$10a - 5 - 3a + 8$ のように，式を簡単にする問題では，右のように誤答する生徒がいる。

$$10a - 5 - 3a + 8 = 10a - 3a - 5 + 8$$
$$= 7a + 3$$
$$= 10a$$

このような場合は，計算できるときとできないときとを面積図を使うと，$7a + 3$ は計算できないが，$7a + 3a$ は単位がそろっていて計算できることを理解できるようにする。

・計算できないとき　$(7a + 3)$ の面積図

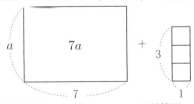

・計算できるとき　$(7a + 3a)$ の面積図

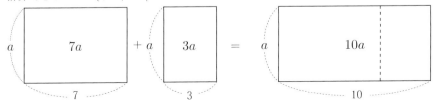

なお，問いの文言は，はじめは「文字式を簡単にしなさい」という表現とし，生徒が式の形でも計算結果であることを十分に理解した段階から「文字式を計算しなさい」という表現を使用するとよい。

第1学年「文字の式」

問⑭ $1 \times a = a$ にするのはなぜですか。

〈解〉　文字を用いて数量の関係や法則など式を使って表現するとき，乗法の記号×は，文字と文字の間や，数と文字の間では普通は省略する。除法の記号÷は，特に必要な場合の他は，それを用いないで分数の形で表す。このようにすることは，いろいろな式の表現がより一層簡潔になり，式の取り扱いを能率的に行うことができるようにするためである。

$1 \times a$ についても，×を省略して $1a$ と表現できるが，簡潔に表現するために 1 も省いて a と表現する約束である。これは具体的な数においても，「$1 \times 2 = 2$」，「$1 \times 3 = 3$」，……のように被乗数である 1 が省略されることから，「$1 \times a = a$」となる。次の図1のように面積図からも同様なことが説明できるから 1 は省略する。

[図1]

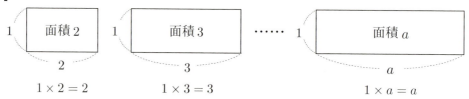

$$1 \times 2 = 2 \qquad 1 \times 3 = 3 \qquad 1 \times a = a$$

また，文字の前に数字がないことで，$0a$ と誤った理解をする生徒もいるが，その場合は，次のような誤答例を示す。

$a + a = 0a + 0a$　……a の前に何もついていないので $0a$ とする
$\qquad = (0 + 0)a$
$\qquad = a$

ここで，$a + a = a$ としてしまう誤りを確認し，$0a$ ならば $0 \times a = 0$ になることを指摘することで理解できるようにする。

さらに，$0.1a$ を $0.a$ と誤った理解をする生徒もいる。その場合は，$a = 12$ のように2けたの場合に，$0.1a$ が 1.2 になるところが，$0.a$ が 0.12 になってしまうことを示すとよい。また，図2のような面積図を示し，$0.1a$ は図2の面積　**[図2]**
と同じであり，省くことができるのはあくまでも整数の 1 であることを確認できるようにする。さらに，$\dfrac{a}{5}$ は，$\dfrac{1}{5}a$，$\dfrac{a+b}{5}$ は，$\dfrac{1}{5}(a+b)$ のどちらでも書くことがあることもあわせて理解できるようにする。

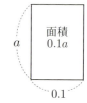

第1学年「文字の式」

問⑮ 文字式を使った式の単位換算は，どのように指導すればよいですか。

〈解〉　小学校において単位換算については学習しているが，苦手としていたり，文字式の表し方に戸惑ったりする生徒がいる。例えば，「a m b cm」を m の単位に統一する場合，「$a.b$ m」と誤答する生徒がいる。これは，文字式のきまりをどのように適用すればよいか理解が十分でないことなどが考えられる。

指導に当たっては，小学校の単位換算を復習し，$1\,\text{cm} = \dfrac{1}{100}\,\text{m}$ であることを確認し，具体的な数値と文字とを比べながら理解できるようにする。

例えば，5 m 6 cm の場合，$6\,\text{cm} = 0.06\,\text{m}$ であることから，m に単位換算すると5.06 m という表記となる。しかし，5 m 6 cm と a m b cm と照らし合わせ，$a = 5$，$b = 6$ として，「$a.b$ m」の a と b にそれぞれ5，6を代入して，5.6 m と表記してしまう誤りをする。

そこで，$1\,\text{cm} = 0.01\,\text{m}$, $10\,\text{cm} = 0.1\,\text{m}$ であることなどから，$6\,\text{cm} = 0.06\,\text{m}$ であり，$b\,\text{cm} = 0.01b\,\text{m}$ であることを確認できるようにする。そして「a m b cm」について，$(a + 0.01b)\,\text{m}$，もしくは，$\left(a + \dfrac{b}{100} \right)\,\text{m}$ と表現できるように指導する。

また，cm に統一したらどのように表現できるかを考える場も設けるとよい。その際，a m b cm を $(a + b)\,\text{cm}$ というつまずきをする生徒にも，具体的な数値として，例えば1 m 30 cm の場合，$(a + b)\,\text{cm}$ とすれば31 cm となり，誤りであることに気付くことができるようにする。

第1学年「文字の式」・第2学年「式の計算」

問⑯ 文字式の意味を具体的な事象と関連付けて読み取ることができない生徒がいます。どのように指導すればよいですか。

〈解〉　文字式の意味を具体的な事象と関連付けて読み取ることができるようにするためには，事象における数量の関係を見いだして式で表現するとともに，逆に表現した文字式を読むことができることが必要である。それらは，互いに関連し合う活動である。特に文字式を読むことについては，次のような(1), (2)の段階を踏まえた指導が大切であると考えられる。

(1)　ある事象の中で文字式を読む。

例えば，「ボウリング大会の賞品に文具セットを用意した。鉛筆1本が a 円，下じき1枚が b 円のとき，$5(3a + b)$ は何を表すか」という問題場面を設定する。このとき，「$3a$ は何を表すか」，「$5(\cdots\cdots)$ は何を表すか」など，$5(3a + b)$ の式や式の一部の意味について明らかにすることが大切である。その際，「$5 \times (3 \times a + 1 \times b)$」というよう

に「×」を使って表現させることにより，演算に着目できるようにすると，式を読む上で効果的である。また，このことより，式が演算の結果を表すことも理解させることができる。

(2) 文字式をいろいろな事象に照らし合わせて読む。

文字式を提示して，それに関連する事象を考える場を設定する。例えば，「$4a + 3b$」を提示して，この式に関連する事象を考えるようにすると，次のような場合が挙げられる。

- ・1人a円の品物を4つ，1つb円の品物を3つ買ったときの代金の合計
- ・時速4kmでa時間，その後，時速3kmでb時間散歩したときの距離の合計
- ・1辺$a$cmの正方形と1辺$b$cmの正三角形のまわりの長さの合計

このような活動とともに，それを確かめる活動を通して，文字式の意味を読み取る力が身に付くと考えられる。

第1学年「文字の式」

問⑰ 文字式の文章題では，どのようにして式を立てればよいですか。

〈解〉　小学校では，数量の関係を表す図（テープ図，線分図）や，数図ブロックでの操作を表す図，数直線での表現などを用いて数量やその関係を把握し，言葉の式に表すことで立式することを学んできた。文字式の文章題でも同様に指導していくとよいが，生徒が文字に不慣れである段階は，文字を簡単な数値に置き換えて，その数量関係を式に表す活動をした後，数値を表した式を文字式に戻すなど丁寧に指導すると理解しやすい。

例えば，「1個a円のケーキ2個と，1個b円の品物3個の合計の値段はいくらになるでしょう」という問題では，1個a円を2個，1個b円を3個の合計の値段を求める上で「合計」という言葉から，問題文中の値をすべてたして，「$a + 2 + b + 3$」という誤りをすることがある。

このような場合は，キーワードに注目して，文字を使った式をつくる前に，仮に「aが100円，bが200円だったら」と考え，図1のように線分図で表すことができる。

[図1]

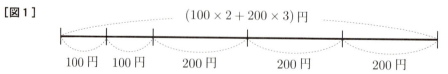

$(100 \times 2 + 200 \times 3)$円

100円　100円　200円　200円　200円

その上で，図2のように文字に戻して考えることが，文字での立式の手だてとなり，$a \times 2 + b \times 3 = 2a + 3b$を導くことができる。

[図2]

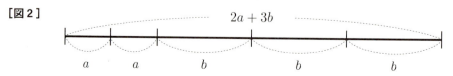

$2a + 3b$

a　a　b　b　b

　小学校での立式の手がかりであったキーワード，状況を表すテープ図，ブロックの操作を表す図，数直線での表現を利用することは大切である。その他，文字を簡単な数値にして，図に表すことが効果的である。

第1学年「文字の式」

問⒅　十の位の数を a ，一の位の数を b とする2けたの自然数を，文字を使って作るとき，どのように指導すればよいですか。

〈**解**〉　2けたの整数を文字で表すことは，生徒にとって容易なことではなく，誤答例としては，ab や $a+b$ が考えられる。このような場合，具体的な2けたの整数を取り上げ，十進位取り記数法の原理を確認することを，次のように丁寧に指導する。

(1)　具体的な数を基に考えられるようにする。

　次の例のように具体的な数をいくつか取り上げて確認できるようにする。いくつかの数で確認した後に言葉の式をつくり，それに文字を当てはめれば，式をつくることができる。必要であれば，小学校で学んだ十進位取り記数法の図を示すとよい。

　　［例］　2けたの整数は，例えば，

　　　$25，43，87$ から

　　　$25 = 10 \times 2 + 5$

　　　$43 = 10 \times 4 + 3$

　　　$87 = 10 \times 8 + 7$

　　と考えることができ，

　　　$10 \times$（十の位の数）$+$（一の位の数）となる。十の位の数を a ，一の位の数を b とすると，$10a+b$ と表される。

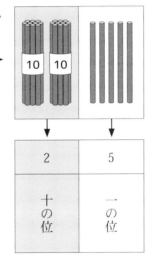

25は
10を2こ，1を5こ
あわせた数。

十の位の数を a ，
一の位の数を b とすると，
$10a+b$ と表される。

(2)　誤答例を示す。

　2けたの自然数を ab や $a+b$ のような誤った表現をなくすために，誤答例を示すとよい。例えば，85という数を $a=8$ ，$b=5$ であれば，ab の場合 $a \times b$ となり，当てはめて計算すると $8 \times 5 = 40$ になる。$a+b$ の場合は $8+5 = 13$ となる。いずれの場合も85にならないことを確認できるようにする。その上で $10a+b$ が2けたの自然数を表すことが理解できるようにする。

第1学年「文字の式」

問⒆　文字式の計算の確かな定着に向けて，留意することはどんなことでしょう。

〈**解**〉　計算過程の中で間違えるポイントを把握するとともに，ノート指導と合わせて解法を丁寧に指導する。

文字式の計算では，分配法則を適用したり，同類項を整理したりすることが重要である。特に分配法則を使う場面では，（　　）の前の数が負の数である場合の計算について，符号に注意して計算できるようにすることが大切である。また，計算過程を振り返り，文字式の計算がどのようなきまりを基になされているか理解できるようにする。

　さらに，計算作業について，具体的な数を代入して確かめられるようにすることも，計算の定着には必要となる。与えられた式と計算した式の文字に数を代入し，式の値が一致するかどうかを基に計算過程を吟味する習慣を身に付けられるようにする。

第1学年「文字の式」

問⚿ 分数係数の文字式を簡単にするとき，方程式の解法と混同して分母をはらってしまいます。この誤りを防ぐには，どのように指導したらよいですか。

〈解〉　分数係数の文字式を方程式の解法と混同して起きる誤りの多くは，方程式の学習をした後に見られる。そこで，次のように，分数係数の文字式を簡単にする問題と方程式の問題とを比較する場をもつ。

① 文字式の例

分母 6 で通分する

$$\frac{2x+y}{3}+\frac{x+2y}{2}=\frac{2(2x+y)+3(x+2y)}{6}$$
$$=\frac{4x+2y+3x+6y}{6}$$
$$=\frac{7x+8y}{6}$$

② 方程式の例

$$\frac{2x+1}{3}+\frac{x+2}{2}=0$$

両辺に 6 をかける

$$2(2x+1)+3(x+2)=0$$
$$4x+2+3x+6=0$$
$$7x=-8$$
$$x=-\frac{8}{7}$$

　①の文字式は，ある決まった集合の要素を対象とするものを表し，②の方程式は何かの関係を対象とするものを表している。したがって，①の文字式を変形する場合，その式を簡単にするのみであるが，②の方程式を変形する場合，等式であることから，等式の性質を利用することができるので，両辺に同じ数をかけてもよいことになる。

　また，問題の式と求めた答えの式（通分して求めた式と分母をはらった式）の文字 x，y に数を代入して，2つの式が同じ値になるか確かめることで，文字式では分母をはらってはいけないことを実感できるようにする。

　なお，文字式の計算と方程式を比較させる場面では，生徒に違いを話し合わせることで，理解を深めることができる。

第1学年「方程式」

問㉑ 方程式の意味の理解と解法の指導をどのように関連付けたらよいですか。

〈解〉　文部科学省『学校学習指導要領解説　数学編』には，「方程式は，変数（未知数）を含

んだ相等関係についての条件を表した等式」であり，「方程式の解は，その条件を満たす値である」と記述されている。

　例えば，方程式 $x+3=5$ は，「x と 3 の和は 5 に等しい」ことの数学的な表現であるが，この式は変数 x が満たすべき条件とも考えられる。このことは，x の変域を整数全体の集合とし，方程式 $x+3=5$ の x に……，-3，-2，-1，0，1，2，3，……を代入すると，$x=2$ のときのみ等式が成り立ち，$x=2$ 以外の数では等式は成り立たないことを表している。そのため，この方程式の解は $x=2$ であることが分かる。このように，方程式の解は，等式を成り立たせる x の値であることを，まずは具体的な数で確かめることで，解の意味を理解できるようにする。

　次に，このような方法で方程式の解を探すことを何度か行うと，時間がかかることや整数以外のときに探すことが困難であることなどが実感される。そこで，等式の性質を用いて式変形を行い，解を求めることで，時間をかけずに形式的に解を求めることができるよさを実感できるようにする。そのときに注意したいことは，等式の性質を形式的に教えるだけにしないようにすることである。例えば，上皿てんびんなどを用いる数学的活動を取り入れ，左右のバランスが崩れないように数の大きさを変えることを通して，左辺と右辺の数の大きさが変わらないように式変形することの大切さに気付くことができるようにする。

　特に，方程式を解くのに有効な手段である移項は，等式の性質に基づいて行われる操作であることを十分に理解し，移項の学習の初期の段階で，なぜその移項がよいのかを等式の性質を使って説明できるようにすることが大切である。

第 1 学年「方程式」

> **問22**　方程式を「小学校のように逆算で解いてはいけないのか」，「x に数を当てはめたり，数直線を使って解いたりしてはいけないのか」という生徒にどのように指導するとよいですか。また，一次方程式を用いて問題を解決することのよさを実感させるような指導はどうすればよいですか。

〈解〉　方程式を使って問題を説明する場合に，小学校での知識や技能を基に，いろいろな解き方を考え，それを検討する場をもって，方程式のよさに気付くことができるようにすることが大切である。

　例えば，「画びょうを使って作品を掲示します。1 枚の作品に 4 個ずつ画びょうを使ったところ，38 個あった画びょうが 2 個残りました。このとき，作品の枚数を求めましょう。」という問題を考えるとき，次のような多様な解き方が考えられる。

〈解き方 1 〉　数を当てはめる方法

　作品の枚数を x 枚とすると，画びょうの残りは，$38-4x=2$ となる。この式の x に数を当てはめて考えると，

$$x = 1 \text{ のとき, } 38 - 4 \times 1 = 34 \qquad x = 2 \text{ のとき, } 38 - 4 \times 2 = 30$$

$$\cdots\cdots$$

$$x = 8 \text{ のとき, } 38 - 4 \times 8 = 6 \qquad x = 9 \text{ のとき, } 38 - 4 \times 9 = 2$$

答え　9枚

〈解き方2〉　数直線から逆算で求める方法

使った画びょうの個数は, $38 - 2 = 36$（個）

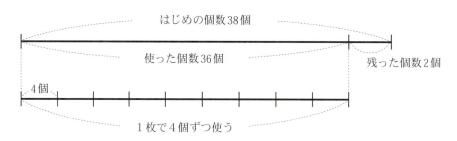

1枚の作品に4個ずつ使うから, $36 \div 4 = 9$ 答え　9枚

〈解き方3〉　逆算で立式して求める方法

逆算で立式して1つの式にすると, $(38 - 2) \div 4 = 9$ 答え　9枚

〈解き方4〉　等式の性質（移項）を使って解く方法

$38 - 4x = 2 \qquad -4x = 2 - 38 \qquad -4x = -36 \qquad x = 9$ 答え　9枚

　指導上の留意点として, まず, 解き方1については, 1つ1つの数を文字に当てはめると面倒であること, 解き方2, 3の逆算の考えについては, 時間がかかることにそれぞれ気付くことができるようにする。例えば, $5x = 35$ のときは, $x = 35 \div 5$, $x + 5 = 13$ のときは $x = 13 - 5$ のように, 逆算で容易に解くことができるが, $7x - 10 = 18$ のように, 演算が2つの場合の逆算は容易ではなく, 線分図などを利用しないと解答できないことに気付くことができるようにする。

　解き方4については, 未知数を文字で表すと, 問題の文脈通りに立式できることに気付くことができる。x の係数が負の場合や両辺に文字がある方程式は逆算で解けないので, ここに等式の性質を利用する必要性に気付くことができる。このように方程式を用いて解法することにより, 等式の性質により逆算と矛盾することなく移項を保証することができ, 一般的に解を求められるよさを実感できるようにする。

第1学年「方程式」

問㉓　方程式の文字は, 未知数を表す場合と変数を表す場合がありますが, この取り扱いはどのようにして指導をすればよいですか。

〈解〉　方程式が考えられるのは, 未知の数量を含む問題を解決するときであるから, 方程式は, 「未知の数量について成り立つ関係を表した等式であり, その未知の数量を求めるもの」という見方ができる。そのため, 方程式の文字は一般的に未知の数量を表

す「未知数」となる。

　これに対して，集合の見方を重視して，変数に対する条件という見方がある。方程式は相等についての条件を式に表したものであり，方程式の解は，その条件を満たす値であるという見方である。この場合の文字は，いろいろな値をとる「変数」と考えられる。その変数の取り得る値の集合が変域であり，その部分集合として，その条件を成り立たせる要素の集合が解の集合となる。

　第2学年では，連立方程式の「連立」の概念を明確にとらえることができるようにするために，変数の見方が必要になる。

　　　例えば，連立方程式 $\begin{cases} 2x + 3y = 12 \\ x + y = 2 \end{cases}$ の解を求める場合，二元一次方程式

$2x + 3y = 12$ について，これに当てはまる x，y の値を考えることになり，ここでの x，y はいろいろな値をとる。また，もう1つの二元一次方程式 $x + y = 2$ を考え，この2つの二元一次方程式の解の組のどちらにも当てはまる x，y の値の組を考えることが，連立方程式の解を求めることに気付くように指導する。したがって，このような連立方程式の概念を理解できるようにする上では，変数の概念は欠かせないものとなる。

第1学年「方程式」

問㉔　方程式を移項を用いて解くことはできますが，移項の意味を理解していない生徒にはどのように指導したらよいですか。

〈解〉　一元一次方程式を解く際に，移項を形式的に行うだけでなく，等式の性質が移項の根拠になっていることを理解できるようにすることが大切である。

　具体的には，次のように移項の操作を等式の性質と照らし合わせて説明できるようにすることが大切である。移項は等式の性質が基となっており，結果的に符号を変えて項が辺を移動しているように見えることを理解できるようにする。次の矢印の部分が，等式の性質が移項の根拠となっている部分である。

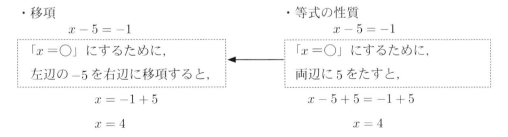

・移項
$$x - 5 = -1$$
「$x = \bigcirc$」にするために，
左辺の -5 を右辺に移項すると，
$$x = -1 + 5$$
$$x = 4$$

・等式の性質
$$x - 5 = -1$$
「$x = \bigcirc$」にするために，
両辺に 5 をたすと，
$$x - 5 + 5 = -1 + 5$$
$$x = 4$$

　また，誤った移項の操作を示し，移項したときに使われている等式の性質を問うことで，式を変形して解くことの根拠を理解できるようにする。

　二元一次方程式（連立方程式）の解き方についても，等式の性質が根拠になってい

ることを理解し，一元一次方程式の解き方とのつながりを意識し，説明できるように
することが大切である。

第1学年「方程式」

> **問㉕**　「絵はがきを買おうと思います。持っているお金では15枚買うと100円余り，20
> 枚買うには200円たりません。この絵はがき1枚の値段はいくらですか。」
> 　このような問題で「余り」と「たりない」ことを等式にする際に，＋か−かで戸惑っ
> てしまう生徒がいます。どのように指導するとよいですか。
> 　また，持っているお金を求める場合，どのように指導するとよいですか。

〈解〉　この問題のように「余る」，「たりない」に対応した式化をすることは生徒にとって
難しく感じることがある。そのため，次のように配慮して指導することが大切である。
　まず，問題場面を整理するために線分図や表を利用して，数量の関係を視覚的にと
らえられるようにすることが大切である。この場合は，持っているお金の金額に対す
る余る金額，たりない金額との関係をとらえることができるようにすることである。
　そこで，このような場面を線分図にして提示すると次のようになる。

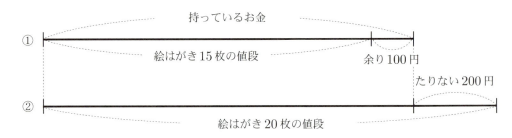

①の線分図から，
　　（持っているお金）＝（はがき15枚の値段）＋（余りの金額100円）　　……⑦
②から，
　　（持っているお金）＝（はがき20枚の値段）−（たりない金額200円）　　……④
このように線分図と照らし合わせて，言葉の式に表してから文字式へとつなげてい
くと「＋」と「−」を戸惑わずに等式をつくることができる。
　そして，⑦，④の式は「同じ持っているお金」を表しているので
　　（はがき15枚の値段）＋（余りのお金100円）
　　　　　　　　　　＝（はがき20枚の値段）−（たりない金額200円）
と等式に表すことができる。
　ここで，はがき1枚の値段を x 円とすると，$15x + 100 = 20x - 200$ と方程式をつ
くることができる。
　この問題では，「絵はがき1枚の値段」を求めるので，これを未知数として方程式
を立てることはそれほど難しくない。もし，求めるものが「持っているお金」であれば，

これを未知数とすると，

$$\frac{x-100}{15} = \frac{x+200}{20}$$

という方程式になる。この場合は，方程式が分数の等式で表現されるので，苦手意識をもつ生徒がいるため，留意する必要がある。ここでは，「絵はがき1枚の値段」を未知数として方程式をつくり，その値段を求めてから「持っているお金」を計算すれば，比較的簡単に解決できることに気付くように指導する。

第1学年「方程式」

問㉖ 方程式 $\dfrac{x+1}{2} = \dfrac{1}{3}x+1$ の解き方をどのように指導したらよいですか。

〈解〉 分母の最小公倍数を両辺にかけることで，式が簡単になることを理解できるようにすることが大切である。

(1) この問題に取り組む前に $x = \dfrac{1}{2}x+1$ のような方程式の解き方を振り返る。

分母をはらわずに解く場合と，はらって解く場合について比較し，それぞれのよさに気付くことができるようにする。この場合は，どちらの計算でも簡単に方程式を解くことができる。

(2) 方程式 $\dfrac{x+1}{2} = \dfrac{1}{3}x+1$ を解く。

$x = \dfrac{1}{2}x+1$ と同様に，分母をはらわずに解く場合と，はらって解く場合について比較する場を設定する。そのことを通して，両辺に同じ数をかけ，分数のない方程式にすることで簡潔に計算ができるよさを実感できるようにする。

また，右辺に6をかけるときに，$6 \times \left(\dfrac{1}{3}x+1\right)$ を $2x+1$ と誤答する生徒がいる。これは，分数の項だけに6をかけており，等式の性質を利用し両辺に同じ数をかけるということの理解ができていないので，分配法則を正しく使えるようにする。

(3) 両辺にかける数が，分母の最小公倍数であることに気付く。

両辺に同じ数をかけて分母をはらうことを理解しても，最小公倍数を利用し，簡潔に計算することができない場合がある。そこで，$\dfrac{x+1}{2} = \dfrac{1}{3}x+1$ の両辺に6をかけても，12をかけても分母がはらえることを確認した上で，その両者を比較し，最小公倍数である6をかける方が簡単な数字で処理できるよさに気付くことができるようにする。また，最小公倍数についての指導もここで再度行うとよい。

第2学年「式の計算」

問㉗ 文字式においても論証が扱われていますが，どのような点に留意して指導すればよいですか。

〈解〉　ある事柄や性質について説明するということは，「問題の条件に当てはまるすべての場合に，その事柄で成り立つことを証明する」ということを理解できるようにすることが大切である。図形の証明を学習すると，論証は図形分野だけのことと生徒は思いがちであるが，「数と式」の分野での論証もあることを理解できるようにする。

　文字式の論証指導として，数の性質についての証明がある。数の性質について証明するとは，問題の条件に当てはまるすべての数で成り立つことを説明するということを理解できるようにすることである。そのため，いくつかの例で成り立っていても他の例でも成り立つとは言えないこと，一般的には成り立つことを説明するにはどんな数も代入できる文字を用いる必要があることなどを理解できるようにする。そして，実際に式による証明を行うことを通して，文字式の有効性を実感できるようにする。

　例えば，「連続する2つの偶数の和は，偶数になることを説明しなさい」のような問題を考える場合，「連続する2つの偶数」を文字を用いて表すとき，それを a ，b としては2つの数の関係は明らかにすることができない。そこで，「連続した偶数とは」を考えさせると，具体的な偶数は 2 ，4 ，6 ，……であるから，1つは $2n$（ n は整数）となり，その次の偶数は $2n+2$ となるから，

$$2n+(2n+2)=4n+2$$
$$=2(2n+1)　となる。$$

　ここで，n は整数より $2n+1$ は整数だから $2(2n+1)$ は偶数となる。このとき，特に「〜〜だから……」と根拠を明らかにして説明できるようにすることが大切である。

第2学年「式の計算」

問㉘　2つ以上の文字を含む等式を目的に応じて変形することがなかなかできません。このときの指導はどのようにすればよいですか。

〈解〉　2つ以上の文字を含む等式の変形では，式変形の目的を明確にし，分配法則や等式の性質などの根拠を意識して変形できるようにすることが大切である。

　指導に当たっては，等式の変形を形式的に行うだけでなく，具体的な場面で目的に応じて式を変形することに重点を置き，式を利用することのよさを感得できるようにする。例えば，右の図のような三角形の面積を求める公式 $S=\dfrac{1}{2}ah$（ S を面積，a を底辺，h を高さ）を，底辺 a について解いた式 $a=\dfrac{2S}{h}$ に変形するなど，具体的な場面で目的に応じて式を変形することに重点を置くようにして，式を利用することのよさを実感できるようにする。

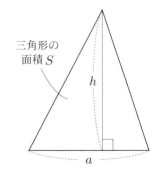

三角形の面積 S

　解き方については，等式を変形してある文字について解く過程で，次のように一次方程式の解き方と対比させて考

えるようにするとよい。

・文字について解く	・一次方程式

・文字について解く

① 解きたい文字の項を左辺に，他の文字の項や数の項は右辺に移項する。

② 同類項をまとめる。

③ 両辺を解きたい文字の係数でわる。

・一次方程式

① 文字の項は左辺に，数の項は右辺に移項する。

② ①をまとめて $ax = b$ とする。

③ 両辺を a でわり，$x = \dfrac{b}{a}$ とする。

なお，答えは，一次方程式では「$x =$（数）」となるが，ある文字について解くと，「（ある文字）＝（文字式）」となることを確認できるようにする。

また，文字に数を代入して確かめられることも理解できるようにする。上の例で，$a = 5$，$h = 8$ とすると，$S = \dfrac{1}{2}ah$ から $S = 20$ となるので，$a = \dfrac{2S}{h}$ に $h = 8$，$S = 20$ を代入して，$a = 5$ となれば，式変形が正しいことが分かる。

第2学年「連立方程式」

問㉙ 連立方程式の指導について，代入法と加減法はどちらを先に指導したらよいですか。また，それぞれ指導する際に留意することはどのようなことですか。代入法と加減法の両方の必要性を実感させるにはどのような指導をしたらよいですか。

〈解〉 連立方程式を解くときの代入法，加減法の指導の順序については，それぞれのよさを把握することが大切であるので，どちらでもよい。

2つの解法に共通する点は，1つの文字を消去して，一元一次方程式を導くことである。違いは一方の文字を消去する方法である。次にそれぞれの解法のよさを示す。

(1) 加減法のよさ

① 絵や図などを利用することで，小学校で学習した「同じものをひいて考える」ということを視覚的にとらえやすい。

② 中学校で学習する範囲の連立二元一次方程式では，加減法で形式的に解くことができるため，生徒は安心して計算手順を確認することができる。

③ 計算過程で基本的に係数を整数にするため，分数に苦手意識をもっている生徒も取り組みやすい。

④ 日常事象での問題で，連立二元一次方程式を活用して式を立てる場合は，$ax + by = c$ の形で立式できることが多い。

加減法を指導する上での留意点としては，2つの式をたしたりひいたりすることができるのかという疑問をもったり，たしたりひいたりしてできる新たな式が，どのような式の意味をもつのか理解できなかったりする生徒に配慮することである。したがって，はじめに等式の性質を利用していることや，次のように具体的な図と式を関

数と式

係付け，たしたりひいたりした式の関係を理解できるように丁寧に指導する必要がある。

　　［例］「鉛筆3本とノート1冊の代金は250円，鉛筆1本とノート1冊の代金は150円です。このとき，鉛筆1本，ノート1冊の値段は，それぞれいくらでしょう。」という問題の場合，次のように図と式とを関係付けて立式できる。

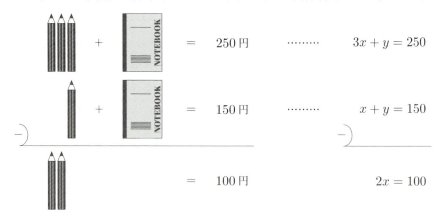

⑵　代入法のよさ

①　一方の式の中の1つの文字に着目すれば，その文字の条件がもう一方の式に表されるので，その条件をもとの式に当てはめる考えであり，理解されやすい。

②　1年での式の値，比例と反比例，2年での式の値，等式の変形などで文字に数を代入することは十分に経験を積んでいるため，代入するという考えは，生徒の既習内容に基づいており理解されやすい。

③　高校などで学習する二元一次方程式と二元二次方程式の連立方程式は基本的に代入法を活用することが多い。

　　代入法を指導する上での留意点としては，②で示したように文字に数を代入することは慣れているが，式に式を代入すること，特に多項式に代入することに生徒は慣れていないので十分な理解ができないことがある。はじめのうちは，2つの式の文字が同じものであることを確認し，一方の式を他方の式に代入する場面では，色を使って視覚的に等しいものであることを示したり，（　　　）を使ったりして分かりやすくする配慮が必要である。特に板書などの工夫を心がけるとよい。

⑶　代入法と加減法のそれぞれの必要性

　　加減法と代入法のよさをそれぞれ明らかにして，問題解決の際に自ら判断し活用できるようにすることが大切である。そのために，次のような連立方程式を示し，どちらの方法が問題を解きやすいか話し合う場をもつとよい。特に，それぞれのよさを根拠として説明できるようにする。

[例] 加減法・代入法のどちらを使うか判断を問う問題

$$\begin{cases} y = 4x - 11 \\ 8x - 3y = 25 \end{cases} \qquad \begin{cases} 3x - 5y = 3 \\ 5y = 5x - 10 \end{cases} \qquad \begin{cases} 3(x+y) = 2x - 1 \\ x + y = -5 \end{cases} \qquad \begin{cases} y = 5x - 8 \\ y = 3x + 5 \end{cases}$$

第2学年「連立方程式」

問30 連立方程式の解の書き方は $(x, y) = (2, 3)$ のように書きますが，$x = 2$，$y = 3$ では間違いですか。

〈解〉　間違いではない。

　　　$x = 2$，$y = 3$ や $\begin{cases} x = 2 \\ y = 3 \end{cases}$ も解としては間違っていないが，次に示す2点を踏まえると $(x, y) = (2, 3)$ がよいと考えられる。

(1) 「，」（カンマ）の意味を間違える可能性がある。

　連立二元一次方程式の解「$x = 2$，$y = 3$」での「，」の意味は「かつ」を表しており，一元二次方程式の解「$x = 2, 3$」は「または」を表すので，同じ「，」でも場面によって意味が変わることから，混同しないように指導する必要がある。

(2) グラフとの関連性に気付くことができる。

　一次関数と方程式の単元で，連立方程式の解は座標平面上では，それを構成する2つの二元一次方程式が表す直線の交点の座標となっている。そのため，座標と解の表現形式が同じであれば2つの関連性について生徒が気付くことができる。

第2学年「連立方程式」

問31 具体的な事象の中の数量関係をとらえ，（連立二元一次）方程式を立式できるようにするためには，どのようなことに留意すればよいですか。また，方程式の利用でその他に留意することはありますか。

〈解〉　問題解決の場面で，方程式を利用する場合，第1学年での一元一次方程式の立式の手順（「数と式」問25参照）を使いながら，未知数となる2つのものが何かということと，問題文中の数量を整理し，その中から2通りに表すことができる数量関係を見いだすことができるように指導する。

　例えば，問題「1個90円のももと1個120円のりんごを，合わせて15個買い，1500円払った。ももとりんごをそれぞれ何個買ったか求めなさい。」では，問題文中から「ももの個数」，「りんごの個数」，「もも1個90円」，「りんご1個120円」，「合わせた個数15個」，「代金の合計1500円」などの数量を取り出すことが必要になる。そして，それらの関係を整理できるようにする。そのような活動を通して，「買った果物の個数の関係」と「支払う代金の関係」という2つの視点に着目できる。

　その上で，線分図や言葉の式に表すことを通して，連立方程式を立式する過程を丁寧に指導する。

第2学年「連立方程式」

問㉜ 二元一次方程式の解の意味を理解できるようにするにはどのようにすればよいですか。例えば，$x-y=1$ の解について，x，y の値は１つだけという生徒には，どのように指導したらよいですか。

〈解〉 方程式の解の求め方を指導する際に，解の意味を理解できるようにするためには，方程式の解がその等式を成り立たせる数や数の組であるとともに，二元一次方程式においては，解が無数にあることを理解できるようにすることが大切である。

指導に当たっては，方程式の解を求める手続きの習熟を図ることだけではなく，様々な数や数の組を方程式に代入するなどして，解を試行錯誤しながら探したりすることや，一次関数の学習の中で，二元一次方程式を一次関数の式とみて，直線のグラフとして表し，その直線が通る格子点だけでなく，その直線上にあるすべての点が，解であることを確かめたりすることが考えられる。

第3学年「式の展開と因数分解」

問㉝ 素因数分解と因数分解はどのようなかかわりがありますか。

〈解〉 素因数分解は，因数分解や平方根の学習に加わる要素をもっているので，それぞれの学習の前段階で指導されることが多い。また，素因数分解により，約数，倍数を簡単に求めることもできる。

(1) 素因数分解と因数分解とのかかわり

「因数」の意味が十分に理解されない場合があるので，素因数分解を学習してから因数分解を学習することがある。そこでは，素数の積の形に表される素因数分解を活用して，因数分解は多項式（または単項式）の積の形に表すことを理解できるようにする。

例えば，$15 = 3 \times 5$ と素因数分解ができるので，これに照らし合わせて考えると，$a^2 - 9 = (a+3)(a-3)$ となる。このように，因数の意味を明らかにした上で，素因数分解を活用して，因数分解を指導することになる。

(2) 素因数分解と平方根のかかわり

平方根の学習において，根号の中の数をできるだけ簡単にすることが求められる。簡単にできることは，その後の因数として，（　　　）^{2} の形の数を見いだすことである。だから，根号の中の数を素因数分解することが求められる。そのため，素因数分解を活用して，平方根を指導することになる。

(3) 素因数分解と約数・倍数とのかかわり

２つの自然数の最大公約数，最小公倍数について，その２つの数をそれぞれ素因数分解して，数の構成をとらえることで，求めやすくなる。

例えば，36 と 48 の最大公約数を考えるとき，それぞれの約数を書き並べると，

36 の約数・・・1，2，3，4，6，9，$\boxed{12}$，18，36

48 の約数・・・1，2，3，4，6，8，$\boxed{12}$，16，24，48

であり，最大公約数が 12 である。ここで，36，48 をそれぞれ素因数分解すると，

$$36 = \boxed{2 \times 2} \qquad \boxed{ \times 3} \times 3$$
$$48 = \boxed{2 \times 2} \times 2 \times 2 \boxed{\times 3}$$

であり，共通因数（□で囲まれた部分）の最大の数が $2 \times 2 \times 3 = 12$ であるので，素因数分解を活用すれば，容易に求められることを理解できる。

最小公倍数も，同様に素因数分解すれば，容易に $2 \times 2 \times 2 \times 2 \times 3 \times 3 = 144$ というように求められることを理解できるようにする。

〈参考〉　1 を素数に入れない理由

(1)　1 を素数に入れると，素数は約数を 2 個もつ数であるという一般性が失われる。

(2)　素因数分解の一意性が失われる。

第 3 学年 「式の展開と因数分解」

問㉞　因数分解をしたときに，因数を書く順番にきまりはありますか。

〈解〉　共通因数を取り出す場合には，共通因数を前に書き，（　　）の式を後ろに書くことが望ましい。（　　）を並べる順番には特にきまりはない。

共通因数を取り出す場合，公式は $Ma + Mb = M(a + b)$ の形で表される。分配法則を適用しているが，取り出した共通因数を明確に表すために前に書くように指導するとよい。

例えば，$ax^2 + 6ax - 16a$ のような，共通因数を取り出してから乗法の公式を使って因数分解をする場合，解答は $a(x - 2)(x + 8)$ となる。このように因数が 3 つ以上に表される場合には，共通因数を先頭に書くように指導する。

第 3 学年 「式の展開と因数分解」

問㉟　式の展開と分配法則をどう説明すればよいですか。

〈解〉　分配法則 $a(b + c) \overrightarrow{} ab + ac$ は，展開と因数分解の両方向で見ることができるので，式の展開をするために分配法則を使うことを理解できるようにする。

分配法則を繰り返し使って展開した後に乗法の公式を学ぶことで，分配法則を意識せずに計算を行えるようになり，式の形で判断できるようになる。

$$(a + b)(c + d) \quad \underset{\text{因数分解}}{\overset{\text{展開}}{=}} \quad ac + ad + bc + bd$$

乗法の公式については，面積図を使えば分配法則によらず展開公式を説明できる。例えば，$(a+b)^2$は右の図のように1辺 $a+b$ の正方形と考えることができ，①と④の正方形と②と③の長方形で構成されていることに気付く。これらを合わせると，＝

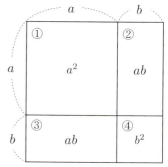

$$(a+b)^2 \quad ①+②+③+④$$
$$= a^2 + ab + ab + b^2$$

となることが理解できる。

このことについて，$(a+b)^2 = a^2 + b^2$ という誤答が考えられるが，上のように面積図を使えば，容易に誤りに気付くことができる。

第3学年「式の展開と因数分解」

問36 文字を使った証明で，「連続する2つの偶数の積に1をたした数は，奇数の2乗になる」などを証明する場合の仕方を，生徒に分かりやすく指導する方法はないですか。

〈解〉 「連続する2つの偶数の積に1をたした数は，奇数の2乗になる」ことについて，まず，具体的な数を用いて，命題の意味を理解できるようにしてから証明をすることの必要性をもたせるようにする。

連続する偶数が， 2, 4 の場合 $\quad 2 \times 4 + 1 = 8 + 1 = 9 = 3^2$

4, 6 の場合 $\quad 4 \times 6 + 1 = 24 + 1 = 25 = 5^2$

6, 8 の場合 $\quad 6 \times 8 + 1 = 48 + 1 = 49 = 7^2$

……

となる。連続する2つの偶数のいくつかの組の場合でも，奇数の2乗になる結果が得られることから，一般的に成り立つのではないかと予想することができる。その後，予想を確かめるという形で文字を使った証明を進めるようにする。

[証明] 連続する2つの偶数は，整数 n を使って，$2n$，$2n+2$ と表される。

それらの積に1をたした数は，

$$2n(2n+2) + 1 = 4n^2 + 4n + 1$$
$$= (2n+1)^2$$

$2n+1$（nは整数）は奇数となることから，奇数 $2n+1$ の2乗となる。

証明というと図形における証明だけを考えがちであるが，第2学年に続き，式を用いて証明する例を扱い，文字を使うことで一般的な証明ができることを知らせるようにする。また，連続する2つの偶数というと，x と y，x と $x+2$ などとしてしまうことが多いので，偶数の意味を確かめながら，整数 n を使って2つの連続した偶数を表すことができるようにする。

第3学年「式の展開と因数分解」

> **問37** $4x^2 - 12xy + 9y^2$ のような問題を解くときに，$x^2 - 2xy + y^2 = (x-y)^2$ の形の因数分解を利用できない生徒がいるのですが，どのように指導したらよいですか。

〈解〉　まず，$4x^2 - 12xy + 9y^2$ のように，第1項目が $4x^2 = (2x)^2$ になっていて，第3項目も $9y^2 = (3y)^2$ になっている場合は，$(\bigcirc x \pm \square y)^2$ の形になるかもしれないと生徒が予想できるようにすることが大切である。その上で，次のような手順で指導する。

(1)　$A^2 \pm nAB + B^2$ の形になるのではないかと予想し，整理する。

(2)　$A^2 \pm 2AB + B^2$ の形と照らし合わせる。

(3)　$A = (2x)^2$，$B = (3y)^2$ となることが分かる。

(4)　$A^2 \pm 2AB + B^2 = (A \pm B)^2$ となることから，$4x^2 - 12xy + 9y^2 = (2x - 3y)^2$ となる。

〈参考〉　これ以外の場合の因数分解をする上での一般的な手順として，次のようになる。

①　$Ma + Mb = M(a+b)$

②　$a^2 - b^2 = (a+b)(a-b)$

③　$a^2 \pm 2ab + b^2 = (a \pm b)^2$

　　［例］　$6x^2 + 3x = 3x(2x+1)$

　　　　　　$4x^2 - 9 = (2x)^2 - 3^2 = (2x+3)(2x-3)$

　　　　　　$x^2 + 8x + 16 = x^2 + 2 \times x \times 4 + 4^2 = (x+4)^2$

　　　　　　$9x^2 - 30x + 25 = (3x)^2 - 2 \times 3x \times 5 + 5^2 = (3x-5)^2$

　このように，共通因数があれば共通因数を取り出し，2乗の項が2つで構成される式 $a^2 - b^2$，$a^2 \pm 2ab + b^2$ を順に扱うことが大切である。

　また，因数分解する際，上記の①の共通因数を取り出すこと，②，③の公式の適用等の解決方法の見通しについて生徒が話し合う場を設定するとよい。

第3学年「式の展開と因数分解」

> **問38** $7 + 6x - x^2$ の因数分解の形は，$-(x-7)(x+1)$ がよいですか。または，$(7-x)(1+x)$ のようにした方がよいですか。

〈解〉　$-(x^2 - 6x - 7)$ とすることで，$-(x-7)(x+1)$ とすればよい。-1 を共通因数とすることで，これまで学習してきた形を適用するよさを生徒が実感できるようにする。

　ただし，$-(x-7)(x+1) = (-x+7)(x+1)$ に触れておく必要はあり，$(7-x)(1+x)$ のような形にも表現できることを理解できるようにする。

第3学年「平方根」

> **問39** 根号「$\sqrt{}$」の正しい書き方はありますか。

〈解〉　根号「$\sqrt{}$」は，英語のroot，すなわち「根」という意味で，これはラテン語のradixが語源となっている。根号「$\sqrt{}$」は，radixの頭文字「r」を変形させたものだと言われている。そのため，書き方は「r」の書き方にしたがって，次のように書くようにするとよい。

①「r」の部分を書く。② 根号に入る数式を書く。③ 数式に合わせた長さの線をひく。

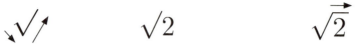

第3学年「平方根」

問⑩ $\sqrt{0.2}$ や $\sqrt{0.02}$ のような平方根の近似値の求め方で，小数点の移動の誤りが多いのですが，よい指導法はありませんか。

〈解〉　まず，式の変形の前に，電卓で平方根の近似値を求め，その数字の並びにどのような特徴があるかを見つけられることが大切である。

次のように，数のグループごとに分けて整理させると関係性が見つけやすくなる。

$$
\begin{aligned}
\sqrt{0.02} &= 0.14142 \\
\sqrt{2} &= 1.4142 \\
\sqrt{200} &= 14.142
\end{aligned}
\Big\}\, 10倍
\qquad
\begin{aligned}
\sqrt{0.2} &= 0.4472 \\
\sqrt{20} &= 4.472 \\
\sqrt{2000} &= 44.72
\end{aligned}
\Big\}\, 10倍
$$

このグループごとに見られる数の関係性について特徴を見つける場をもつことで，根号の中の数の小数点の位置が2けたずれるごとに，その数の平方根の小数点の位置は同じ向きに1けたずつずれることを理解できるようにする。

その後，その根拠を次のように式の変形を通して示すことができるようにする。

$$
\begin{aligned}
\sqrt{200} &= \sqrt{2 \times 100} \\
&= \sqrt{2} \times \sqrt{100} \\
&= \sqrt{2} \times 10
\end{aligned}
\qquad
\begin{aligned}
\sqrt{2000} &= \sqrt{20 \times 100} \\
&= \sqrt{20} \times \sqrt{100} \\
&= \sqrt{20} \times 10
\end{aligned}
$$

$$
\begin{aligned}
\sqrt{0.02} &= \sqrt{2 \times \frac{1}{100}} \\
&= \sqrt{2} \times \sqrt{\frac{1}{100}} \\
&= \sqrt{2} \times \frac{1}{10}
\end{aligned}
\qquad
\begin{aligned}
\sqrt{0.2} &= \sqrt{20 \times \frac{1}{100}} \\
&= \sqrt{20} \times \sqrt{\frac{1}{100}} \\
&= \sqrt{20} \times \frac{1}{10}
\end{aligned}
$$

ここで，なぜ「$\times \sqrt{10}$」ではなく「$\times \sqrt{100}$」，「$\times \sqrt{\frac{1}{10}}$」ではなく「$\times \sqrt{\frac{1}{100}}$」にするかについて生徒は疑問にもつことが予想される。ここでは，$\sqrt{100} = 10$，$\sqrt{\frac{1}{100}} = \frac{1}{10}$ というように根号を使って表された数を根号を使わなくても表すことができ，小数点の位置を1つ分移動すればよいことを，根拠立てて説明できるようにすることが大切である。

第3学年「平方根」

問㊶ $\sqrt{5^2} = 5$ だから，$\sqrt{(-5)^2} = -5$ という生徒にどのように指導するとよいですか。

〈解〉　$\sqrt{(-5)^2} = -5$ としてしまう理由は，$\sqrt{5^2} = 5$ という関係から，根号の中に2乗があった場合に，根号と2乗とで打ち消し合うことができると考えてしまうからである。$\sqrt{(-5)^2} = -5$ としないようにするには次のように指導するとよい。

　　$\sqrt{(-5)^2} = -5$ となるか，$\sqrt{(-5)^2} = +5$ となるかを生徒が議論する場をもち，特に途中の計算式に注目できるようにする。

$$\sqrt{(-5)^2} = \sqrt{(-5) \times (-5)}$$
$$= \sqrt{25}$$
$$= 5$$

　　虚数導入前の数の範囲では，2乗して負の数になる数を考えていないので，根号の中の数は常に正である。また，根号を使った数の正負は，$-\sqrt{a} < 0$，$\sqrt{a} > 0$ であり，根号の前に±を付けることで正負の区別をすることも理解できるようにする。

第3学年「平方根」

問㊷ $\sqrt{2} + \sqrt{3} = \sqrt{5}$ ではないことを，どのように指導するとよいですか。

〈解〉　根号を含む数同士の積は，根号の中の数の積に $\sqrt{}$ を付ければよいので，和についても根号の中の数の和に $\sqrt{}$ を付ければよいと考える生徒は多い。和の場合は積と同じようにはできないことを，次のようにして理解できるようにする。

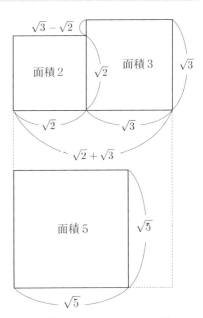

(1)　面積図を用いて指導する方法

　　$\sqrt{2}$ は面積2の正方形の1辺の長さ，$\sqrt{3}$ は面積3の正方形の1辺の長さ，$\sqrt{5}$ は面積5の正方形の1辺の長さである。右の図は，面積2の正方形と面積3の正方形を並べたものと面積5の正方形である。$\sqrt{2} + \sqrt{3}$ は，面積2と面積3の2つの正方形の1辺の長さの和であり，$\sqrt{5}$ は面積5の正方形の1辺の長さを表している。

　　ここで，図の面積2の1辺と面積3の1辺の和 $\sqrt{2} + \sqrt{3}$ と面積5の1辺 $\sqrt{5}$ とを比較する場をもつことで，明らかに $\sqrt{5}$ が $\sqrt{2} + \sqrt{3}$ よりも小さい数であることに気付かせることができる。また，同様に $\sqrt{3} - \sqrt{2} = \sqrt{1} = 1$ ではないことにも気付かせることができる。

(2) 近似値を調べる方法

電卓で $\sqrt{2}$ ， $\sqrt{3}$ それぞれの近似値について

$$\sqrt{2} = 1.414\cdots\cdots \qquad \sqrt{3} = 1.732\cdots\cdots \quad \text{であることから}$$

$$\sqrt{2} + \sqrt{3} = 1.414\cdots\cdots + 1.732\cdots\cdots$$
$$= 3.146\cdots\cdots \qquad\qquad \text{となる。}$$

この数値と $\sqrt{5} = 2.236\cdots\cdots$ とを比較し，この $\sqrt{2} + \sqrt{3}$ を $\sqrt{5}$ とする計算が間違いであることを確認できるようにする。

第3学年「平方根」

問㊸ $\dfrac{1}{\sqrt{2}}$ を $\dfrac{\sqrt{2}}{2}$ と有理化しないといけない理由を，どのように指導するとよいですか。

〈解〉　$\dfrac{1}{\sqrt{2}}$ を $\dfrac{\sqrt{2}}{2}$ と分母を有理化する意義について，次の3点が考えられる。

(1) 近似値を求める場合に都合がよい。

$\sqrt{2}$ の近似値を1.414とするとき， $\dfrac{1}{\sqrt{2}}$ は $1 \div 1.414$ であり，分母を有理化した $\dfrac{\sqrt{2}}{2}$ では，$1.414 \div 2 = 0.707$ となり，分母が有理数であれば近似値をより簡単に求められることに気付く。これにより，大小関係なども簡単に比較することができる。こうした問題を扱った後に，有理化するよさについて話し合わせるなど，生徒の実態に合わせて指導を工夫することができる。

(2) 式の簡潔さに気付くようにする。

$\dfrac{1}{\sqrt{2}}$ と $\dfrac{\sqrt{2}}{2}$ では，式の簡潔さについて，その差はあまり変わらないかもしれないが，例えば $\dfrac{3}{2\sqrt{6}}$ と，それを有理化した $\dfrac{\sqrt{6}}{4}$ では，$\dfrac{\sqrt{6}}{4}$ の方が簡潔で見やすい式と実感できる。このように，有理化により，より簡単な式で表すことが数学の美しさにつながることに気付くようにする。

(3) 分母を有理化したり，有理数を根号の外に出したりすると都合よい。

$\dfrac{\sqrt{a}}{b}$，$a\sqrt{b}$ の形にしておくと，四則計算をする場合に都合がよい。

例えば，$\sqrt{50} - \dfrac{4}{\sqrt{2}}$ という式は $5\sqrt{2} - 2\sqrt{2}$ となり，さらに式を簡単にすることができるということに気付き，また，その数の大きさも理解することができる。

第3学年「平方根」

問⑭　「$\sqrt{2}$，$\sqrt{3}$，$\sqrt{5}$，$\sqrt{6}$ などの無限小数は数直線上に表すことができない」と考える生徒がいます。どのように指導すればよいですか。

《解》　指導については，次の2通りの方法が考えられる。

(1)　面積図を用いて指導する。

　　平方根は正方形の1辺の長さとして表すことができる。例えば，$\sqrt{2}$ cmという数は，面積が 2 cm^2 の正方形の1辺の長さのことである。図1のように，実際に方眼に正方形をかくと，$\sqrt{2}$ cm が 1 cm よりも長くて，2 cm よりも短い長さであるということを示すことができる。そ

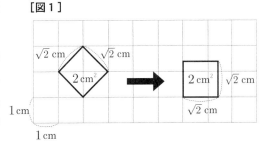

[図1]

して，平方根が限りなく続く小数ではあるが，実在する数であるということに気付くことができる。

(2)　これまで学習した無限小数を例に挙げて指導する。

　　平方根の他に，$\dfrac{1}{3}$ や π なども無限小数である。これらの数についても数直線上に表すことができることを学習している。例えば，$\dfrac{1}{3}$ は小数にすると

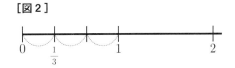

[図2]

0.333 …… となる無限小数である。しかし，図2のように，$\dfrac{1}{3}$ は 1 を3等分した数量であるので数直線上に表すことができる。

　　また，π についても同様である。π は円周の直径に対する比率である。図3のように 10π は直径 10 の円周の長さを表している。そのため円を利用すると π を含んだ数についても数直線上に表すことができる。

[図3]

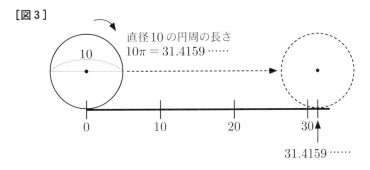

第3学年「平方根」

問㊺ 平方根を用いて表したり処理したりしている具体的な題材は，どのようなものがありますか。

〈解〉 単元の導入で，図1のように，方眼を使っていろいろな面積の正方形をかき，その1辺の長さを調べたり，2乗して2になる数を電卓で計算して，その1辺の長さを確かめたりする活動を通して，これまでに学習していない数（平方根）の存在に気付くことができる。

[図1]

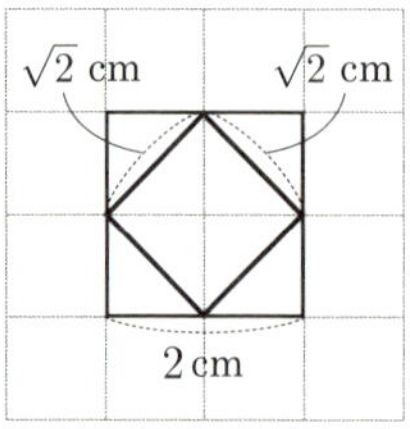

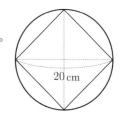

また，平方根の利用として次のような題材に取り組むと，日常生活の中で利用されている平方根を学習することができる。

[例1] 丸太からできるだけ大きな角材（正方形）を切り出すときの1辺の長さ

「図2のように，直径20cmの丸太がある。切り口ができるだけ大きな正方形となるような角材をとるとき，その切り口の正方形の1辺の長さはどれだけか」という問題を考える。これは，角材の切り口が正方形であることから直径が対角線であるため，面積を求めると，$20 \times 20 \div 2 = 200$（$cm^2$）となる。1辺の長さは正の数であることから，$10\sqrt{2}$ cm である。

[図2]

20 cm以外にも身の回りの円を探し，その中に入る最大の正方形の1辺の大きさを求めるとき，正方形の面積を基に平方根を利用すると，およその長さが求められる。

[例2] 市販のコピー用紙の大きさの秘密

図3のように，市販されているA3判のコピー用紙は縦横の比は，$1 : \sqrt{2}$ である。これを半分に折っても，縦と横の比は $1 : \sqrt{2}$ となっている。

[図3]

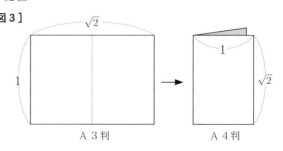

A3判 → A4判

このことを基にして，平方根の利用の学習で，紙の大きさの秘密調べをすることができる。

図4のように，A3判のコピー用紙の中に，短い辺の長さを基にした正方形をつくり，その対角線をひく。その対角線の長さは正方形の面積から $\sqrt{2}$ が計算できる。その対角線と長い辺を重ねるように折ると，長さが等しいことが確かめられ，長い辺は短

[図4]

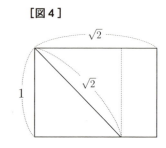

い辺を 1 としたときに $\sqrt{2}$ であることが分かる。

このようなことは，Ａ３判の用紙の半分の大きさであるＡ４判の用紙でも同様に確かめることができる。さらに，Ａ５判の用紙でも確かめさせ，気付いたことを話し合わせると，$1:\sqrt{2}$ の比が紙の辺の長さに利用されていて，無駄のない規格であることにも気付くことができる。

〈参考〉 大工さんが丸太から正四角柱を切り出すときに，右の写真のような道具（曲尺）を使って 1 辺の長さを知る。

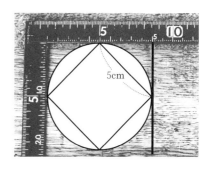

曲尺は内側と外側で違った目盛りの刻み方をしている。外側の目盛りは通常の目盛りが刻まれているが，内側の目盛りは「角目」と言い，通常の長さの $\sqrt{2}$ 倍の間隔の目盛りが刻まれている。

写真ように，曲尺を丸太にあてたとき，角目の目盛りが「5」であれば，この丸太から切り出すことのできる角材（正方形）の 1 辺の長さが 5 cm となることを示している。

第３学年「二次方程式」

問46 解の「, 」はどういう意味か分かりやすく理解できる方法はありますか。

〈解〉 二次方程式の中には，因数分解を使って解くことができるものがある。ここでの考え方は，「Ａ×Ｂ＝0ならば，Ａ＝0またはＢ＝0」を前提とする。

例えば，$(x+3)(x-2)=0$ を解く場合，解は「$x=-3$ または $x=2$」となり，「$x=-3, 2$」の「, 」は「または」と読める。これは場合分けの意味を含んでいる。$x=-3$ か $x=2$ かのどちらかというように，x に異なる数字を同時に代入することができないことから「または」の意味としている。

そのため，解の $x=-3, 2$ について，$-3, 2$ のどちらかを書けばよいとして，一方しか書かない生徒もいるかもしれない。しかし，この場合，$(x+3)(x-2)=0$ の解というのは，実数の中で方程式を満足する数値を求めることであるから，「$x=-3$ または $x=2$」として，2つの数を解として記述しなければならないことを理解できるようにする。さらに，「関数 $y=x^2$ で，$y=9$ のときの x の値はいくつか。」という問題で，$9=x^2$，$x=\pm3$ となり，答えは「$x=3, -3$」となり，二次方程式と同じように考え，このときの「, 」も「または」の意味になる。

また，連立方程式のときは，解が $(x, y)=(\quad, \quad)$ となり，x，y をペアとして考えるため，「かつ」の意味になる。これらを混同しないように注意する。

第3学年「二次方程式」

問47 $x^2 + 3x = 0$ の解を求める際に，x でわってしまって $x + 3 = 0$ としてしまう生徒がいます。どのような指導をしたらこれをなくすことができますか。

〈解〉 $x^2 + 3x = 0$ のような形の二次方程式を解くときに，生徒がよくする誤りである。この場合，$x(x+3) = 0$ $x = 0, -3$ と因数分解を利用して解くことができ，$x = 0$ も解のうちの1つになる。

　確かに，$x = 0$ をもとの式に代入すると，左辺も0，右辺も0となり，等式が成り立つので，$x = 0$ も解である。この誤りは，等式の両辺をある同じ数でわって等式が成り立つときはわる数が0でない場合に限定されるという原則に反したことによるものである。

第3学年「二次方程式」

問48 二次方程式の解について，2つの場合，1つの場合，解がない場合がありますが，どのように指導するとよいですか。

〈解〉 二次方程式の解き方について，次の①〜③の方法を学ぶ。

① 平方の形に変形する方法

② 二次方程式の解の公式を用いる方法

③ 因数分解を用いる方法

　多くの問題の場合，①，②，③の方法で解いたときの解は2つになるので，「二次方程式の解は通常は2つである」ことを確認できるようにする。

　特別な例として，因数分解して $(x+p)^2 = 0$ の形のとき，2つの解が一致（重解，重根）し，「解が1つになる」ということを $(x+2)^2 = 0$ など，具体的な式を用いて理解できるようにする。

　中学校の内容では，ここまでで十分であるが，生徒の実態に合わせ発展的な扱いとして，解のない $x^2 + 2x + 2 = 0$ などの問題を例に出してもよい。解の公式の根号の中が負の数になったり，x にどんな実数を代入しても $x^2 + 2x + 2 > 0$ となったりすることから「解がない（正確には実数の範囲で解がない）」と付け加えて説明してもよい。詳しいことは，高等学校の数学で「異なる2つの虚数解」として学ぶ。

〈参考〉 解の公式を利用すると，すべての二次方程式が解けることから，因数分解で解ける場合でも公式で解こうとすることがある。方程式の解という結果を求めることの指導に偏ることなく，式の特徴をどのように見抜くかという「式を読む」力を育てることが大切である。そのため，式の特徴からその式に適した方法で解を求めることができるような柔軟な思考を育てるようにする。

　また，上で用いた3つの方法は別々のものではなく，その関連も図れることができ

るようにする。例えば，因数分解で解くことができる方程式を解の公式を用いて解いた結果と比べ，解を知ってそれを基に因数分解できることなどに触れ，二次方程式の解き方の理解を深める指導を行うようにする。

第３学年「二次方程式」

問㊾　平方の形に変形する方法がうまく理解させられません。生徒は安易に因数分解や解の公式で解いてしまうのですが，どうしたら平方の形に変形する方法の意義を知らせることができますか。

〈解〉　平方の形に変形する方法は，平方根を求める考えと関連していて，二次方程式の解法の一般的な考え方として重要である。

二次方程式が常に容易に因数分解できる場合ばかりではないので，平方の形に変形する方法を利用することが有効であることや，解の公式をつくる上で，平方の形に変形する方法の考え方を利用していることを確認できるようにする。

具体的には，中学校の範囲で，$(\quad)^2 = \bigcirc$ の形にすればすべての二次方程式を解くことができることに着目して指導する。

第３学年「二次方程式」

問㊿　二次方程式の解の公式を指導する前に，x^2 の係数が１の場合を公式化して指導してよいですか。

〈解〉　公式化する必要はない。

$x^2 + px + q = 0$ の場合の公式と，$ax^2 + bx + c = 0$ の場合の公式との両方を扱うことは，かえって生徒を混乱させるので，$ax^2 + bx + c = 0$ の方だけを指導するとよい。

公式化する必要はないが，指導の段階としては考えさせてもよい。

第３学年「二次方程式」

問(51)　$x(12 - x) = 8$ など，整理されていない形の二次方程式の指導では，どのような点に留意すればよいですか。

〈解〉　$x(12 - x) = 8$ について $ax^2 + bx + c = 0$ の形に整理されていないので，解くことができない生徒がいる。そのため，次のように $ax^2 + bx + c = 0$ の形に変形する過程を丁寧に指導し，解法の手順の意味を理解し，意識して解くことができるようにする。

(1)　(　　) をはずす。　　$12x - x^2 = 8$

(2)　右辺の８を左辺に移項する。　　$12x - x^2 - 8 = 0$

二次方程式の解法に主として用いられるのは，因数分解か解の公式だから，方程式を (左辺)＝0の形にすることを徹底しておく。

(3) 項を入れ換えて，$ax^2 + bx + c = 0$ の形にする。

$$-x^2 + 12x - 8 = 0 \qquad (\,a\,,\,b\,,\,c\text{ に対応する数が分かる})$$

(4) x^2 の係数は正の数にする。

-1 を両辺にかける。　　　$x^2 - 12x + 8 = 0$

(5) 解の公式を用いる場合は，$ax^2 + bx + c = 0$ の $a\,,\,b\,,\,c$ の値を明らかにする。

$a = 1,\ b = -12,\ c = 8$

(6) 解の公式に正しく代入し，負の数は (　　　) を付けるように指導する。

$$x = \frac{-(-12) \pm \sqrt{(-12)^2 - 4 \times 1 \times 8}}{2 \times 1}$$

(7) (4)から，次のように解くことができる。

$$x^2 - 12x = -8$$
$$x^2 - 12x + 36 = 36 - 8$$
$$(x - 6)^2 = 28$$
$$x - 6 = \pm\sqrt{28}$$
$$x = 6 \pm \sqrt{28}$$
$$x = 6 \pm 2\sqrt{7}$$

「図形」の問題

第1学年「平面図形」

問①　作図のねらいとは何ですか。また，指導上留意すべきことには何がありますか。

〈解〉　作図のねらいには，次の2つがある。

(1)　小学校で既に学んだ作図で，中学校からの図形学習の基礎とする。

(2)　幾何学としての作図の基礎とする。

　(1)について，小学校第2，3学年で，三角形をかくことを学び，四角形は三角形に分けてかくことを学んでいる。小学校の三角形の作図では，実質的に三角形の3つの決定条件を使っている。そこで，この学習を前提として，中学校第1学年では三角形の作図を簡単に振り返っているが，これは，中学校第2学年からの図形の性質を調べる上での根拠となる合同条件や相似条件と結びついているだけではなく，今後の図形の学習の基礎の1つとなることに留意する。

　(2)について，幾何学としての作図は「定規とコンパスによる作図」を意味している。これも，「作図についての技能を高めること」と「作図を図形の性質を調べるのに役立てること」の両面から意義があると考えられる。そして，その基礎となるのが，次の基本的な作図である。

① 　線分の垂直二等分線の作図

② 　角の二等分線の作図

③ 　直線に対する垂線の作図

④ 　角を移す作図（与えられた角と等しい大きさの角をかくこと）

⑤ 　平行線の作図（直線外の点から，その直線に平行な直線をかくこと）

⑥ 　弓形の作図（線分を見る角の大きさが一定な点の軌跡をかくこと）

　この6つのうち，第1学年では①〜③を指導する。④〜⑥は，作図としては扱わないが，合同な三角形の作図，平行四辺形になる条件の利用，円周角の定理の逆などと関連付けて指導することになる。

第1学年「平面図形」

問②　垂線や垂直二等分線，角の二等分線の作図法など，図形の対称性に着目することが大切と言われますが，どのように指導したらよいですか。

〈解〉　垂線や垂直二等分線，角の二等分線の作図の指導では，実際に紙でできた図形を

折ったり，回したりすることを想像して対応する点を探す活動を取り入れ，対称な図形と対称の軸や対称の中心との関係を考察することが大切である。そのことを通して図形の対称性に着目し，その図形を定規とコンパスでかく方法に気付くようにする。また，そのような活動の中で，点や直線を分析的に考察することができるようになり，論理的な思考力の育成につながると考えられる。

まず，垂線の作図について，図1のように垂直に交わる2直線は，線対称な図形における対称の軸と対応する2点を結ぶ直線ととらえることができる。これを理解した上で，点Pに対応する点Qを決めることで，直線ℓに垂直な直線PQが決まることの理解につながる。

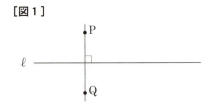

[図1]

作図については，図2のように，2円の交点を結ぶ直線は円の中心線と垂直になることを利用して，図3のように作図する。

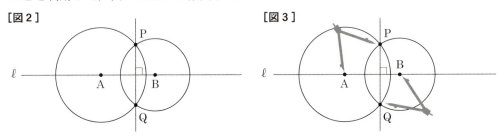

[図2]　　　　　　　　　　　　　　　[図3]

また，作図をするときには，図形の決定要素に着目して，「点○を中心として，半径○○の円をかく」，「点○と点△を結ぶ」，「直線○○をひく」という数学用語を使って，正しく作図の手順を表現できるようにする。

次に，垂直二等分線の作図について，図4のように直線ℓが2点A，Bの対称の軸であるとすると，「対応する2点A，Bと対称の軸ℓ上の点Pとの距離は等しい」という見方に気付くことができる。したがって，図5，図6のように2点A，Bからそれぞれ等距離にある点を2つ求めれば対称の軸ℓが作図できる（決まる）ことが理解できるようにする。

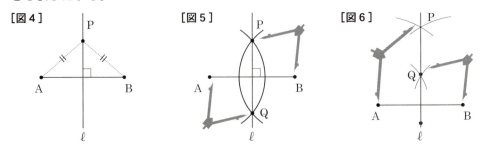

[図4]　　　　　　[図5]　　　　　　[図6]

次に，角の二等分線の作図について，角をつくる2辺が対応するような対称の軸があることに気付くことができるようにする。この対称の軸を作図するためには，角の

頂点以外に対称の軸が通る1点が求められればよいことになる。そこで，対称の軸上の点は対応する点から等距離にあるので，図7のように，対応する点として角の頂点Oから等距離にある2点P，Qをとり，この2点から等距離にある1つの点Aを求めれば対称の軸はかける（決まる）ことを理解できるようにする。これは，図8のような交わる2つの円の対称性の見方と関連付けることができる。

[図7]

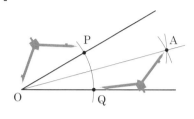

[図8]

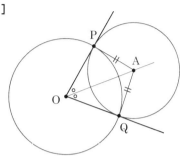

以上の3つの作図の方法から，2つの円が中心を結ぶ直線に対して，線対称であることを用いていることが分かる。このように作図を見直すことで，図形の対称性が作図の方法を統合的にとらえる上で重要な役割を果たしていることに着目できるようにする。

第1学年「平面図形」

問③ 線対称な図形と点対称な図形の混同，線対称な図形と線対称移動（点対称な図形と点対称移動）の混同をしている生徒には，どのように指導すればよいですか。

〈解〉 (1) 線対称な図形と点対称な図形の混同

例えば，図1のような図形を点対称な図形となるようにかく場を設定したとき，図2のように線対称な図形としてかいてしまう誤答が見られることがある。つまり，線対称な図形と点対称な図形を混同しているのである。

[図1]

[図2]

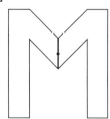

このような場合には，紙でできた図形を折ったり，重ねたり，回したりすることを通して，線対称な図形と点対称な図形の性質を比較しながら考察できるようにする。

線対称な図形では，図3のように直線ℓを対称の軸として対称移動させたとき，もとの図形に重ね合わせることができる図形，言い換えれば「裏返してもとの図形と重なる図形」という見方ができるようにする。

また，点対称な図形では，図４のように点Ｏを中心として，180°だけ回転移動させたとき，もとの図形に重ね合わせることができる図形であることを確認できるようにすることが大切である。

[図３]

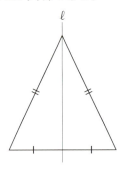

[図４]

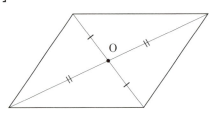

(2) 線対称な図形と線対称移動（点対称な図形と点対称移動）の混同

線対称な図形は，図５のように１つの図形についての特徴に着目したものであるのに対して，線対称移動は，図６のように移動前と移動後の２つの図形の関係に着目していることを理解できるようにする。点対称な図形と点対称移動についても同様である。

また，「線対称な図形」と「線対称移動」，「点対称な図形」と「点対称移動」など似た用語や共通した性質については，その意味を整理して理解できるようにする。

[図５]

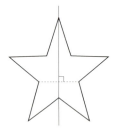

[図６]

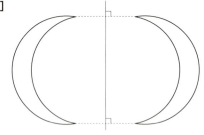

第１学年「平面図形」

> **問④** ある図形を，図形内部にある対称の軸に対して対称移動する問題場面では，どのようなことに留意して指導したらよいですか。

〈解〉　図１のように，対称の軸が図形の内部に入っているとき，どのようにしてよいか分からないことから，正しく対称移動の作図ができない生徒がいることが予想される。そこで，図形の構成要素である頂点に特に目を向け，対称の軸を折り目として折り返すと点はどこに移動するかについて気付くようにする活動の場を設定するとよい。

[図１]

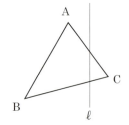

この場面では，図2のような誤答も見られる。これ **[図2]**
は，線対称について，「紙を折り返して得られる図形」
というように教えられ，鏡映像のように理解している
ため，一方から他方へ移すような意味付けがなされて
いるからである。

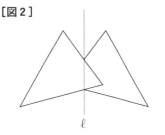

そこで，図形の構成要素である頂点で図形をとらえ **[図3]**
て，図3のように，対応する点を結ぶ線分は対称の軸
によって垂直に二等分されることを用いて，機械的に
点Aを点A′に，点Bを点B′に，点Cを点C′に移す。
点Aと点Bがℓの左側から右側に移動するのに対し，
点Cは逆にℓの右側から左側に移動するが，改めてこ
こで，この3点の移動に共通な性質を話し合うなどし

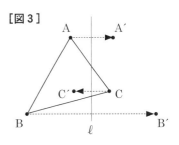

て確認できるようにする。移動後の点は，対称の軸ℓに対して，対応する移動前の点
とは反対側にあること，対応する点から対称の軸ℓまでの距離が等しいという対称移
動の性質がこのような場面でも成り立つことをとらえ直すことができるようにする。

そして定義に戻って，各頂点だけでなく辺上の各点もきちんと同じ位置関係で対応
できていることの確認もあわせてすることができれば，合同な図形をかくことの認識
も深まると考える。

なお，移動後の頂点に振るアルファベットは，点Aが点A′に移動したように，移
動後の点には「′」を付けると，図形が複雑になっても点や辺の対応が分かりやすい。

第1学年「平面図形」

問⑤　「図形の移動」についての指導は，どのようなことに留意すればよいですか。

〈解〉　図形を実際にかく活動を重視し，移動前の図形と移動後の図形との対応の関係を十
　　　分に確認できるようにし，図形についての見方が柔軟にできるようにする。対応する
　　　点がどのように移動しているか，対応する部分はどこか，対応する部分の大きさや位
　　　置関係はどのようになっているかなどについて確認する場を設定する。

　　　すべての図形の移動は，平行移動，回転移動，対称移動を組み合わせた移動である
　　　が，あまり深入りする必要はない。特に，図形の移動についての認識を動的にみる観
　　　察力を高めることが大切である。

　　　そこで右の図のように，合同な図形のしきつめ
　　　模様を観察する場を設定する。その中の2つの図
　　　形，例えば，アがコに移動するとき，どのような
　　　移動によって重なるか調べたり，1つの図形を基
　　　にして，それを移動することによって，しきつめ

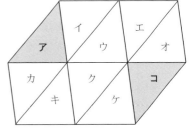

模様などを作ったりする活動を取り入れる。

第1学年「空間図形」

問⑥ 「ねじれの位置」の関係を理解できるようにするのによい方法はないですか。

〈解〉 ねじれの位置については，まず，直線の位置関係を整理し，その後，模型を使って確認できるようにするとよい。

(1) ねじれの位置の意味についての直線の位置関係を整理する。

ねじれの位置とは，空間内の2直線が交わらず平行でない関係であるので，図1の直線Aと直線Bについて，次の①〜③を調べる。

[図1]

①交わる

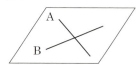

① 「交わる」か「交わらない」かを調べる。

「交わる」ならば「ねじれの位置」ではない。

② 「交わらない」ならば「平行」か「平行でない」かを調べる。

②平行

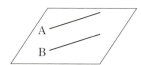

「平行」ならば「ねじれの位置」ではない。

③ 「平行ではない」ならば「ねじれの位置」にある。

①，②は同一平面上にあるが，③は同一平面上にないことに気付くようにする。

③ねじれの位置

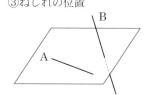

(2) 立体（模型等）で位置関係を表す。

立体を使って指導する場合，見取図だけを見て空間図形を考えるだけではなく，模型の実物を見て様々な角度や視点から観察することが大切である。ここでは，生徒が考えやすいように，複雑な立体でなく立方体を使って，実際にどの辺（直線）とどの辺（直線）がねじれの位置の関係にあるかを確認できるようにする。

図2の直線 ℓ と直線 m の関係がねじれの位置かどうか調べるとき，上の(1)の直線の位置関係に着目して調べる。

[図2]

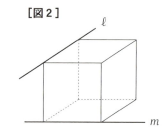

まず，①では「交わる」か「交わらない」かを確認すると，直線 ℓ と直線 m は同一平面上にないので，「交わらない」ことが確認できる。次に②の「平行」か「平行でない」かも直線 ℓ と直線 m が同一平面上にないので「平行でない」ことになる。以上のことと③から，直線 ℓ と直線 m は同一平面上にないので「ねじれの位置」の関係であることが分かる。なお，このように順を追って確認していく中では，直線の色を変えて表したりするとさらに理解しやすくなる。

また，模型を外側から見るだけでなく，教室を直方体に見立てて床と壁を面ととら

えたり，その接合部分を辺ととらえたりして位置関係を考えるなど，模型を内側から見るような活動を取り入れるのも効果的である。

　実際に，図や模型などを利用してどの部分のことかを教師が示すと同時に，手順をはっきりさせて答えるべき辺（直線）を見つけるようにしながら，理解を深めていくようにする。

第1学年「空間図形」

問⑦　円柱と底面が合同で高さが等しい円錐の体積，球の体積や表面積が学習内容になっていますが，中学生として難しいのではないですか。このことをどのように指導したらよいですか。また，円錐の体積を求めるときの $\frac{1}{3}$ や球の体積の $\frac{4}{3}$ を指導するときはどのようにしたらよいですか。

〈解〉　円錐の体積は，その円錐と底面積，高さが等しい円柱の体積の $\frac{1}{3}$ であり，球の体積は，それがぴったり入る円柱の体積の $\frac{2}{3}$ となる。このことを単なる公式の暗記として覚えるのではなく，結果を予想したり，予想したことを確かめる実験の方法を考え，実際にその実験を行ったりして，実感を伴った理解ができるようにすることが重要である。

　例えば，図1のように，底面が合同で，高さがそれぞれ等しい円錐の容器と円柱の容器を用意し，水を入れ，円柱の容器に円錐の容器の何杯分の水が入るかという水を移す実験を行ったり，逆に円柱の容器に入った水を円錐の容器に移したりする双方向の操作を行うことを通して理解を深めることができる。そして，実験結果から円柱の容器には円錐の容器の3杯分の水が入ることが分かるので，円錐の体積を求めることができる。

[図1]

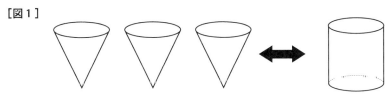

　また，球の体積を考える場合も同様である。図2のように，底面が合同な半球と円柱の容器を用意し，水を入れ，円柱の容器に半球の容器の何杯分入るか水を移す実験を行ったり，逆に円柱の容器から半球へと水を移したりする双方向の操作を行う実験をする。その結果，円柱の容器には半球の容器の3杯分の水が入ることが分かるので，球の体積を求めることができる。

[図2]

次に，球の表面積の求め方の指導については，図3，図4のように模型を用いた指導が有効であると考える。半球にひもを巻きつけてほどき，そのひもを用いて平面で円を作り，その結果から球の表面積を求めるように指導するとよい。

[図3]　[図4]

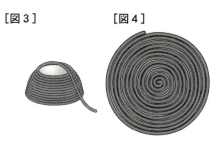

　例えば，図3のように半径5 cmの半球にひもを巻きつけ，そのひもの長さを2倍にして，図4のように平面上で巻いて円を作る。そうするとその半径はおよそ10 cmになることが分かり，図3のひもを巻きつけた面積を求めることで，球の表面積の公式を導くことができる。

　以上のように，円錐の体積や球の体積・表面積の指導については，公式を教え込むのではなく，実験による測定を行い，実感を伴った理解ができるようにすることが大切である。

〈参考〉　球の表面積の求め方について

　球の中心Oから球の表面に，図5で①のような底面積（S1，S2，S3，……）と球の半径 r を高さとする角錐②を作り，角錐が無数に集まった立体③を考える。

[図5]　①

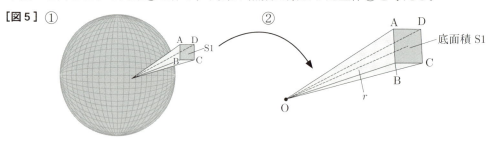

底面積 S1

③

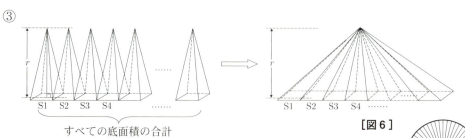

すべての底面積の合計

[図6]

（すべての底面積の合計）$\times r \times \dfrac{1}{3} = \dfrac{4}{3}\pi r^3$ となる。

両辺に3をかけると

　　（すべての底面積の合計）$\times r = 4\pi r^3$ となり，

両辺を r で割ると

　　（すべての底面積の合計）$= 4\pi r^2$ となる。

（すべての底面積の合計）＝（球の表面積）なので，$S = 4\pi r^2$ を導くことができる。

　ここでは，図6の円の面積を考えたときに細かく分けた考え方を活用していること

も説明として加えるとよい。

第2学年「図形の調べ方」

問⑧ 外角について分かりやすく説明する方法はありますか。

〈解〉 外角の指導に当たっては，内角とともに定義付けるようにするとよい。

図1の●のように，多角形の1つの辺と隣の辺の延長からつくる角を，その頂点における外角といい，▲を内角ということを定義する。

ここで，外角について，図2のような誤りが見られるので注意する。定義をする際には，内角と外角の和は180°であることを確認できるようにする。

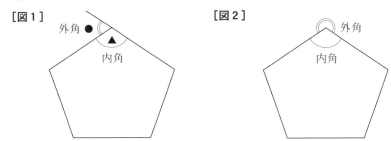

外角は（360°－内角）ではなく，図3のように表すことができ，三角形の内角の和が180°で，内角の補角に残りの2つの内角の和が等しくなる。すなわち，直線のつくる角に，三角形の内角の和をつなげられるよさがある（図4）。なお，1つの内角に対して，外角は2つあることに気付くことができるようにする。

多角形の外角の和が360°になることについては，図5のようにペンを多角形の周に沿うようにして，頂点で向きを変え，辺上を動かして1周させてみると，360°になることを確認できる。

また，図6のように，この多角形の図を遠ざけて観察させると，外角を1点に集めることができ，360°になることを直観的に気付くことができる。

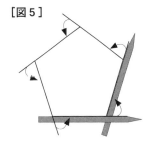

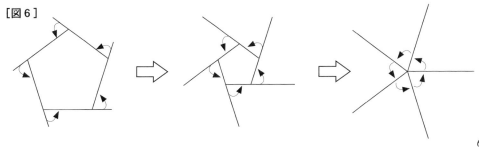

第2学年「図形の調べ方」

問⑨ n 角形の内角の和を求める公式 $180°(n-2)$ について，生徒はこれを用いて内角の和を求めることはできますが，その意味を理解していないことがあります。どのように指導すればよいですか。

〈**解**〉 n 角形の内角の和を求める公式 $180°(n-2)$ について，$n-2$ の意味を理解していない生徒がいることが予想されるので，その意味の理解については，次のように丁寧な指導が必要である。

指導に当たっては，生徒は三角形の内角の和は $180°$ であることは理解しているので，それを基に多角形の内角の和を求めるため，図1のように三角形に分けることを考える場を設定する。その上で，内角の和の求め方を一般化するように指導する。

[図1] 三角形に分ける方法の例

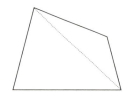

ここで，例えば，頂点の数が多い二十角形などの場合はどうなるかを問うことで，生徒が困る場面を設定する。そのことで，考える必然性が生まれ数学的なアイデアにつながる。具体的には，次のようないろいろな考え方が予想される。

〈**考え方1**〉

	三角形の数	内角の和
三角形	1	$180° \times 1$
四角形	2	$180° \times 2$
五角形	3	$180° \times 3$
……	……	……

このように内角の和は，頂点（辺）の数より2だけ少ない数をかけることに気付くことができる。そして，二十角形の場合は，$180° \times 18$ となる。つまり，これは帰納的に考える方法である。

〈**考え方2**〉

多角形の1つの頂点から対角線をひいて，三角形に分けるとき，図2の×印の3つの頂点には対角線がひけないので，六角形では対角線が，$6-3=3$（本）ひけて，三角形はそれより1つ多く，4つできることに気付くことができる。つまり，これは，頂点（辺）の数より2だけ少ない数の三角形に分けられると言える演繹的に考える方法である。

[図2]

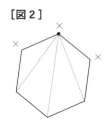

〈考え方3〉

　多角形の頂点の数を n とすると，1つの頂点からひける対角線によって，$(n-2)$ 個の三角形に分けられるから，内角の和は，$180°(n-2)$ となる。これは一般的に考える方法である。

　このように，「帰納 → 演繹 → 一般化」を通して，生徒の理解を図るように指導する。

〈参考〉　三角形に分ける起点が，n 角形の頂点，辺上，内部の3通りの考え方で内角の和を求めても，$180°(n-2)$ となることを確認しておくと理解を深めることができる。

(1) 三角形に分ける起点が
三角形の頂点のとき

三角形の数　$n-2$
$180°(n-2)$

(2) 三角形に分ける起点が
三角形の辺上の点のとき

三角形の数　$n-1$
$180°(n-1)-180°$

(3) 三角形に分ける起点が
三角形の内部の点のとき

三角形の数　n
$180°n-360°$

第2学年「図形の性質と証明」

問⑩　平行線の性質と平行線になる条件の違いについて分かりやすく説明する方法はないですか。

〈解〉　生徒は「2つの直線が平行ならば同位角（錯角）が等しい」と，その逆の「同位角（錯角）が等しいならば平行である」とはどちらも真であることを理解できているため，この両者の区別ができず，なぜ同じことを繰り返して学ぶのかと疑問をもつことがある。

　指導に当たっては，「〜〜ならば……」という仮定と結論を表す内容と言葉を丁寧に使うことができるようにすることが大切である。

　例えば，図1のように，同位角の大きさを順に変え，$\angle a$ の大きさを $\angle b$ に近づけていく場面を設定する。ここでは，はじめの状態は同位角の大きさが違い，等しくないことを確認しておく。

[図1]

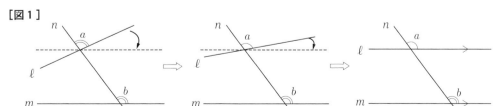

　図1のように，直線 ℓ，m に直線 n が交わっている場面で，$\angle a$ の大きさを少しず

つ変えて∠bに近づけていく。このとき，ℓとmの関係を調べていくと，∠a＝∠bとなって同位角が等しくなるとき，ℓ∥mとなることに気付くことができれば，「同位角が等しいときに2つの直線は平行になる」ことの意味を理解できることになる。

　次に，図2のように2つの平行な直線を与えて，それに交わる1つの直線を引き，どのようなことが成り立っているか言葉でまとめる場を設定する。そうすると「2つの直線が平行ならば，どの場合でも同位角は等しい」等の気付きをもつことができる。

[図2]

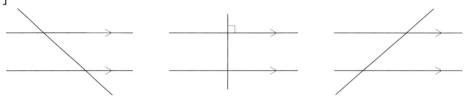

　このように言葉で表現することを通して，平行線の性質と平行線になる条件の2つが異なる状況であることを理解できるようになる。

　また，2直線が平行のときのみ同位角，錯角が存在すると誤解する生徒がいる。「同位角が等しい」とは，図1の一番左の図の∠aと∠bのような「等しくない同位角」が存在することが前提となっていることを理解できるようにすることも大切である。

第2学年「図形の性質と証明」

問⑪ 数学における証明の意義や必要性，よさの感得を図るには，どのように指導したらよいですか。

〈解〉　証明は，その事柄が例外なしに成り立つことを明らかにする方法である。帰納的に見いだした事柄について，演繹的に考え，同じ条件を満たすすべての図形についても正しいかどうかを説明できることが証明のよさである。

　例えば，三角形の内角の和は180°であることについて，小学校では，実測や実験などの帰納的な方法で導いたが，中学校では，演繹的な推論によって証明する。帰納的な方法によって見いだされた図形の性質は，一般性を保証するものではないことと，それに対して，演繹的な推論による証明では，同じ条件を満たせば，どんな形や大きさの三角形でも例外なく成り立つことがいえる。これら証明の意義を理解できるようにするためには，証明する前に条件に合う図を考えさせ，証明した後で条件に合う別の図でも証明が成り立つことを確認することを通して，同じ条件を満たす他の図についてもう一度証明する必要がないことを理解できるようにすることなどが考えられる。

　次に，証明をする問題では，証明することの必要性を感じられるようにすることが大切である。例えば，次のような場合が考えられる。

(1)　「二等辺三角形の2つの角は等しい」から，この条件の一部を変えて，「二等辺三角形の3つの角は等しい」と考え，比較する場を設定することで，本当に正しいか

どうかを証明しないといけないという必要性を感じさせることができる。

(2)　定義から何が導けるかを確認するなどして，その概念の理解を広げようとすると
き，証明しないといけないという必要性を感じさせることができる。例えば，平行
四辺形の定義から新たな性質を見つけた場合，それがどんな平行四辺形でも成り立
つか確認するときに，証明の必要性が生まれる。

(3)　生徒が数学的に新たな性質を発見し，その性質がいつでも正しいことがいえるか
どうかを考えたとき，証明しないといけないという必要性を感じることができる。
例えば，三角形の外角の和が360°になることを四角形や五角形でも調べさせると
「どのような多角形も外角の和は360°になる」という仮説を立て，「n 角形の外角の
和は360°になる」について証明する必要性が生まれる。

(4)　作図の仕方が正しいかどうかを考えたとき，それを証明する必要性を感じさせる
ことができる。例えば，角の二等分線の作図の仕方を学習しても，それが正しいこ
とは分からない。そのため，「図形」問⑮のように証明する必要性が生まれる。

第2学年「図形の性質と証明」

> **問⑫**　図形領域では，生徒になじみにくい用語が多かったり，論証においても接続詞等
> を用いたりすることがあり，混乱しがちです。どのようなことに注意して指導すれ
> ばよいですか。

〈解〉　図形領域は多くの用語が指導されているが，その中には，生徒が誤解しやすいもの
やなじみにくいものもある。例えば，次のような場合に留意して指導する。

(1)　直線，平面

小学校では，有限なものにもこの用語を使っている。中学校では限りなく延びてい
るもの，広がっているものを考えるときに，「直線」，「平面」という言葉を使う。最
初はなじみにくいので，留意して指導する必要がある。

(2)　直線 ℓ 上の点

「直線 ℓ 上に点をとる」を「直線 ℓ の上方に点をとる」と表現する生徒がいる。後者
の場合，ノートに直線 ℓ から離れた上方に点をとるように誤解する生徒もいるので，
前者の表現を使用するように指導する。

(3)　それぞれ

この副詞の意味を理解できないで使うことが多い。指導に当たっては，「それぞれ」
のある文とない文とを比較して，その前後の対応をはっきりさせる必要がある。合同
条件，相似条件等で使われているので，意味を明らかにして指導する。

例えば，「3辺がそれぞれ等しい」と「3辺が等しい」との違いについて，前者は，
次のページの図で対応する各辺の相等関係「AB＝DE，BC＝EF，CA＝FD」を表す。

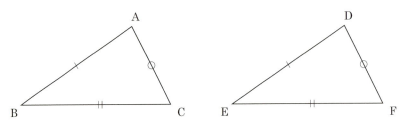

後者は，△ABCにおいて，「AB＝BC＝CA」で正三角形を表す。

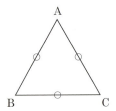

⑷　接続詞

　「だから」，「よって」，「したがって」，「つまり」，「そこで」，「また」，「しかし」，「ただし」，「このように」，「同じように」，「このとき」，「このことから」のような接続詞は，推論の関係を示しているので，きちんと使えるように指導する。その言葉の意味や使用事例を明らかにすることが大切である。

　他にも，論証における接続詞を用いるときに，生徒が混乱しやすい場合が考えられるので，用語とその意味，図と結び付けたり，言葉で説明したりする場面をつくって，生徒が迷わないように指導する。

第２学年「図形の性質と証明」

問⑬　図形の性質や条件を，記号を用いて表すことが支障となっている生徒に，どのように指導すればよいですか。

〈解〉　図形の性質の考察では，辺や角などについての関係を，記号を用いて簡潔に表すことが必要である。図形の構成要素間の関係を記号で表したり，記号で表された内容を読み取ったりして，考察に生かすことができるようにすることが大切である。記号を用いて表したり，読んだりすることについて，教師は安易に考えがちであるが，生徒の中には証明の学習の前に，この記号につまずいていることがある。

　指導に当たっては，図形の性質の証明において，仮定や結論を記号で表して証明を構想したり構成したりすることを丁寧に指導する。また，実際に証明を書く前に，該当する図形の構成要素を指で示しながらペア等により口頭で説明し合ったり，記号で表された事柄を読み取り，その内容を生徒の言葉で正しく説明できるようにしたりすることなどが考えられる。特に，言葉の内容と記号での表現，そしてその意味を関連付けて理解できるようにすることが大切である。

　例えば，「１組の向かいあう辺が等しくて平行である四角形は平行四辺形である」

ことについて，右の四角形ABCDについて，次
のように仮定と結論を，記号を使って表現する場
を設定する。

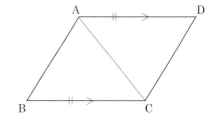

仮定　　1組の向かいあう辺が等しい

　　　　　AD＝BC

　　　　1組の向かいあう辺が平行

　　　　　AD∥BC

結論　　四角形ABCDは平行四辺形　　AD∥BC，AB∥DC

　　　　（定義　平行四辺形は2組の向かいあう辺がそれぞれ平行）

第2学年「図形の性質と証明」

問⒁　図形領域では，1年の「平面図形」，「空間図形」と2年の「図形の調べ方」，「図形
の性質と証明」に整理できますが，その違いと留意することはどのようなことですか。

〈解〉　　第1学年では，小学校で学習した図形についての知識を整理しながら，直観的，帰
納的な方法を中心とし，必要に応じて論証の準備段階として，部分的に演繹的な推論
を理解できるようにすることをねらいとしている。例えば，次のようなことが挙げら
れる。

⑴　実験，実測などによって帰納的に調べる。

⑵　作図，作成した手順を振り返って調べる。

⑶　対称性を基にして調べる。

⑷　長さや角度の計算など，経験的に明らかな事柄から調べる。

　　次に，第2学年では，推論の根拠を明らかにして，図形の内容全体を体系的に扱っ
ている。

⑸　推論の根拠を明らかにする。

⑹　述べられている事柄の内容を明確にする。

　　ここで，⑸の推論の根拠について，第2学年では「平行線の性質」，「三角形の合同
条件」，第3学年では，「三角形の相似条件」が挙げられる。また，「合同の定義とそ
の性質」，「相似の定義とその性質」も根拠となっている。これらを意識的に使い，論
証によって図形の概念や性質を明らかにすることができるようにする。

　　⑹の内容の明確化については，例えば，「（ア）ならば（イ）である」という命題では，
（ア）は与えられて分かっていること，（イ）は（ア）から導こうとしていることとなる。
これらのことが正しくとらえられていることが必要であるため，（ア）を仮定，（イ）
を結論として，命題を2つに分けて指導する。

　　このようにして，筋道を立てて論理的に推論を行って調べることができるようにす
る。そのために，推論の過程を自分の言葉で他者に伝わるように分かりやすく表現し

図
形

たり，説明したりする活動を継続的に行うようにすることが大切となる。

第2学年「図形の性質と証明」

問⑮ 生徒が証明を理解する上で，証明の道筋を分かりやすくする必要があるのですが，どのようにすればよいですか。

〈解〉 証明の道筋を分かりやすくする指導の1つに流れ図で表す方法がある。流れ図は，思考の過程を整理し簡潔に表すもので，生徒の言葉のポイントとなるものを用いて表現している。そのため，証明の流れを理解できるようにする適切な方法の1つである。

例えば，∠XOYの二等分線OPの作図の仕方が正しいことを証明するとき，仮定と結論，根拠となる事柄に注意して，道筋を図に表したものが次の流れ図である。

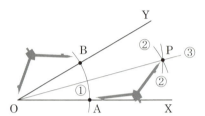

［流れ図］

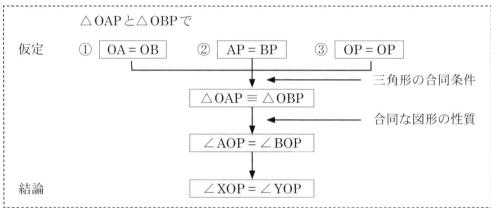

この流れ図は，証明の道筋が分かりやすく表現されたものである。しかし，常にこのように簡潔にまとめられるとは限らない。また，このように道筋が明確になっていても，すぐにうまく証明が記述できるわけではない。はじめは口述であっても，きちんと道筋が述べられるようにすることが大切である。例えば，ペアやグループになり口頭で証明し合うことも1つの方法として考えられる。まずは，仮定と結論がそれぞれ何であるかを明確にし，結論を導くためにはどのようなことが根拠になるかを考えることができるようにする。

そのため，証明の方針を明確にし，その後，その記述の仕方を示すようにした後，生徒が証明の記述をするというように，段階を追って指導を考えていくようにする。

第2学年「図形の性質と証明」

問⑯ 図形の問題を解決するためには「図を正しくかく」ことが大切と言われますが，どういうことですか。

〈解〉　図形の問題を解く際，図をただかくだけの簡単なことでも，図が添えてあると分かりやすい。それは，図形の構成要素となる頂点や辺，角の特徴，位置関係などがイメージできるようになるからである。そして，問題として考えるには，その問題の内容に含まれている図形の構成を理解することが大切である。そのため，「図をかく」とは，問題に出ている図形の構成を正しくつかむことであり，それが解決の糸口になることがある。問題の中に図がかいてあっても，それを改めて生徒が「図を正しくかいてみる」ことが大切である。辺や角の大きさを求める問題などでは，解答の妥当性を確認するものともなる。

　証明問題にあう図をかくには，「仮定を使ってかく」，「結論を使ってかく」，「仮定と結論を使ってかく」方法が考えられる。これは，仮定と結論との間のつながりをつくるためのいろいろな考え方に関係している。

　なお，「図を正しくかく」という中には，例えば，三角形一般についての命題を証明しようとしているとき，なるべく二等辺三角形や正三角形などに近い図はかかないようにする。二等辺三角形，正三角形をかくと，それらの性質を使う危険性があるからである。

　図を正しくかくことで，「等しい線分や等しい角を見つける」ことができ，図形の問題の解決につながることもある。そのため，図をかくことに加え，仮定の関係と結びついている角や線分，結論の関係と結びついている角や線分から等しいものを見つけて，図に等しいことなどが分かる記号（印）をつけていくとよい。それらの印を区別するため，色で整理し，例えば，仮定から導かれてくる等しい関係は青，結論を導くような等しい関係は赤というようにすれば，さらに分かりやすくなる。そこで，赤と青が一致するような線分や角となれば，問題は解決できることになる。次がその例である。

［例］　2つの線分AB，CDが線分AB，CDの中点Oで交わっている。このとき，AC＝BDであることを証明しなさい。

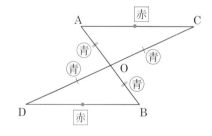

第2学年「図形の性質と証明」

問⑰　補助線を引くこつには何かポイントがありますか。どのように指導をしたらよいですか。

〈解〉　図形の証明や角度を求める問題等では，「補助線を引くこと」が，その問題の解決に向けてとても重要になる。しかし，適切な補助線を引くことは生徒にとって難しい作業であるので，例えば，次のような場面で補助線を引くことを経験できるようにし，あわせてそのポイントについて指導していくとよい。

　証明を行う場合，結論を導くために既習の内容を使って説明することが大切になる

場合が多い。そのとき，既習内容の性質（合同な三角形や平行線における性質など）を使うために必要なものとして補助線を引くことがある。補助線を引くポイントとしては，次のような場合がある。

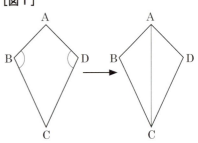

[図1]

① 結ばれていない頂点を結ぶ

② 平行線を引く

③ 線分を延長する　など

例えば，①については，図1のたこ形の四角形ABCDで，∠ABCと∠ADCが等しいことを証明するとき，論証の根拠として挙げられるのは，その角を含む三角形の合同が成り立てば結論として正しいことがいえる。そのため，三角形に着目して証明しようとする方針が立つ。そこで，補助線として，頂点Aと頂点Cを結んで，△ABCと△ADCを作ることで，三角形の合同条件を使って，∠ABC＝∠ADCを証明できる。

次に，②については，図2の$\ell /\!/ m$で∠ABCの大きさを求めるとき，考えを進める根拠として挙げられるのは$\ell /\!/ m$であるが，点Bを通り，ℓとmに平行な補助線を引き，平行線の性質と分かっている角67°，155°を使って，∠ABCを表すことができるかどうかである。そこで，平行線の性質から錯角が等しいことを使って，∠x＝67°＋25°＝92°と解くことができる。

[図2]

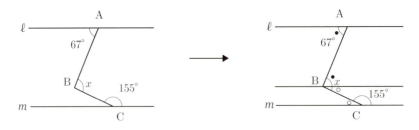

また，③については，図3のようにABを延長して，mとの交点をDとすると，平行線の性質，三角形の外角の性質を使って求めようとする方針が立ち，∠ABCを求めることができる。ABを延長してmとの交点をDとすると，∠ADC＝67°，∠BCD＝25°となり，∠x＝67°＋25°＝92°で三角形の外角の性質を用いて，∠ABCを求めることができる。

[図3]

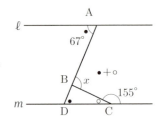

このように，問題を解決するため，また論証を進めるための根拠となる事柄を見通すことを通して，補助線をかくことができるようにする。

第２学年「図形の性質と証明」

> **問⑱** ２つの三角形の辺や角を表すとき，対応する頂点の順序で言わないといけませんか。

〈解〉　図形の性質，図形の合同，図形の相似の証明をする上で基本となることであるので対応させるべきである。

[図1]

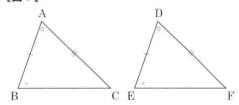

　例えば，図１で△ABC≡△DEFの場合，

$$AB = DE, \quad AC = DF,$$
$$\angle BAC = \angle EDF, \quad \angle ABC = \angle DEF$$

と，アルファベット順ではなく，各頂点を対応させるように示す必要がある。このようにすることで，角や辺の対応している位置関係が分かりやすくなる。

[図2]

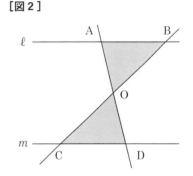

　また，図２で，ℓ∥mのときにできる△ABOと△DCOが合同であることを証明する場合，頂点Aと頂点D，頂点Bと頂点C，頂点Oと頂点Oとがそれぞれ対応しているので，対応する頂点の順に△ABO≡△DCOとするように指導する。

第２学根「図形の性質と証明」

> **問⑲** 仮定と結論を理解できず，証明の中に結論を使ってしまう生徒にはどのように指導したらよいですか。

〈解〉　まず，仮定とは与えられて分かっていること，結論はその仮定から導こうとしていることであり，この２つを正しくとらえられるようにすることが大切である。その上で，例えば，仮定は青色，結論は赤色として図の中に仮定，結論を色分けして示し，仮定と結論を明らかにさせてから証明を進めるように指導するとよい。

　また，生徒が証明を書くだけでなく，読む活動も授業の中に位置付けることが必要である。証明を読むことで，証明を振り返り，その構造を理解したり，仮定や根拠の使い方や証明の記述に必要な表現方法を身に付けたりすることができる。そのためには，証明を書く前に図の該当する辺や角を指さしなどをしながら言葉で言ってみたり，書いた証明をペアで読み合ったりするなどして，生徒が互いに証明を評価し合い，よりよい記述や表現の仕方を考えて証明の学習に取り組むようにすることが大切である。

第2学年「図形の性質と証明」

> **問⑳** 証明する際，何が仮定で，何が結論かが分かりにくい命題があります。どのように指導をしたらよいですか。

〈解〉　仮定と結論を整理して形式化した方が指導しやすく，生徒も対処しやすいと考えられる。しかし，仮定，結論はあくまでも便宜的な用語であって，はっきりと決まっている概念ではない。つまり，命題があったら必ず仮定と結論が形式として決まっているというものではない。仮定と結論が簡単に書ける場合はよいが，次のように仮定と結論を分けて書くことが困難になるときもある。

　　　　・「対頂角は等しい」
　　　　・「三角形の3つの内角の和は180°である」
　　　　・「同じ弧に対する円周角の大きさは等しい」
などである。

　　大切なことは命題の意味を正確にとらえることができるようにすることで，分かっていることと，それから明らかにしたいことを分けて証明の方針をしっかり立てることができるようにすることである。

第2学年「図形の性質と証明」

> **問㉑** 証明で「三角形の合同条件」は必ずしも書かせなくてもよいと聞きましたが，よいですか。

〈解〉　中学生にとっては，三角形の合同条件を書くように指導する。

　　三角形の合同を使って図形の性質を証明する際，証明を聞いている生徒が十分に理解できていない場合があるので，相手に理解してもらうためには，根拠を明らかにしておかなければならない。

　　そのため，中学校では，三角形の合同条件については証明の中に書くように指導する。合同条件などの根拠を明らかにし，それを書くことによって，自分の考えが整理され理解も深まり，振り返ることもできる。よって，証明を記述する際には，必ず根拠を明らかにして書くようにすることが大切である。ただし，一般的には合同条件を満たす辺の相等，角の相等が示されていれば十分であるので，省略されることがある。

第2学年「図形の性質と証明」

> **問㉒** 正方形，ひし形，長方形が平行四辺形の特別な形であることを理解できるようにするには，どのように指導すればよいですか。

〈解〉　まず，長方形，ひし形，正方形の定義を確認できるようにする場を設定し，それらは，平行四辺形の特別な形であることを，平行四辺形になる条件を用いて，次のよう

に指導する。

図形	定義	平行四辺形になるための条件
長方形	4つの角がすべて等しい四角形	2組の向かいあう角が，それぞれ等しい
ひし形	4つの辺がすべて等しい四角形	2組の向かいあう辺が，それぞれ等しい
正方形	4つの辺がすべて等しく， 4つの角がすべて等しい四角形	2組の向かいあう辺が，それぞれ等しい 2組の向かいあう角が，それぞれ等しい

　上記により，長方形やひし形の定義に，「平行四辺形になるための条件」が含まれているので，長方形，ひし形を平行四辺形の特別な形とみることができ，平行四辺形の性質をすべてもつことが保証される。

　また，正方形の定義は，長方形とひし形の両方の定義に当てはまるので，正方形は長方形やひし形の特別な図形とみることができる。正方形も平行四辺形の特別な図形とみることができ，平行四辺形の性質をすべてもつことが保証される。

　生徒が構成要素の関係を基に，右のような図をかいて事例を挙げて説明できるようにする。

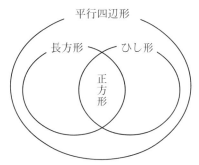

〈参考〉　それぞれの図形の性質について，次のようにも整理することができる。

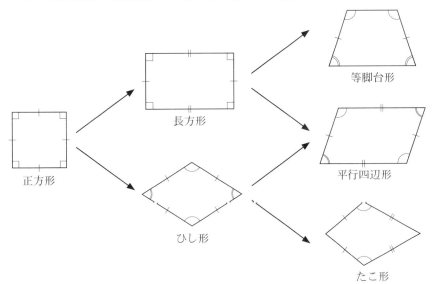

第2学年「図形の性質と証明」

問㉓　定義と定理の違い，そして，性質との関係をどのように指導すると生徒が混乱しなくてすみますか。

〈解〉　定義とは，一般的に使う言葉の意味をはっきりと述べたものであり，性質とは，定

義を基にしてそのことを調べてみると分かってくるものをいう。性質は，証明されているものであり，その証明された性質のうち，特に重要とされているものを定理と言っている。定理と性質は，厳密な違いは明らかではないと考えられる。

生徒にとっては，何が基本になるものかの判断は難しい。そのため，具体的な例を基に，これらの用語に慣れていくようにする。

例えば，平行四辺形においては通常①を定義とし，それから②から④は証明される。したがって性質である。

① 2組の向かいあう辺が，それぞれ平行な四角形を平行四辺形という。（定義）

② 平行四辺形の2組の向かいあう辺は，それぞれ等しい。

③ 平行四辺形の2組の向かいあう角は，それぞれ等しい。

④ 平行四辺形の対角線は，それぞれの中点で交わる。

指導に当たっては，生徒にできる限り図形の性質に気付かせたり，発見させたりするようにし，その性質が成り立つ根拠を考えさせることによって，証明の重要性を感じ取ることができるようにする。そして，論証に慣れていくように指導する。

第3学年「図形と相似」

問㉔ 小学校で学習する「拡大，縮小」と「相似」とは何が違うのですか。

〈解〉 小学校算数科においては，第6学年で学習する「拡大，縮小」について，ある図形を基にして，形を変えないで大きくしたり，小さくしたりする活動を通して，拡大・縮小を理解している。用語として，小学校では「相似」は用いないで，「拡大図・縮図」を使って相似の素地を指導している。つまり，小学校では，拡大図・縮図の性質をとらえ，かき方の基礎的なものを扱い，中学校数学へのステップとすることがねらいである。

小学校で学習する「拡大図・縮図」は，そのかき方としては次の3つがある。

① 方眼を使ってかく。

② 線の長さや角の大きさを使ってかく。

③ 1つの点を中心にしてかく。

この3つの方法は，その有用性や中学校への発展から，いずれも大切なものである。

中学校で学習する「相似」は，2つの図形を対象とし，一方の図形を拡大または縮小したものと，他方の図形が合同になったとき，2つの図形は相似であるとしている。基になる1つの図形から拡大図・縮図を学習する小学校と違って，2つの図形の関係を表す概念として使われている。

相似の意味を理解する場合，方眼紙を使って拡大した図や縮小した図をかき，2つの図形の共通点や相違点を考えさせる場を設定し，対応する線分の長さの比が等しいことや対応する角の大きさが等しいことを再確認できるようにする。このような作業

の中で相似な図形のイメージをもつことができるようにする。

第3学年「図形と相似」

> **問㉕** 相似な図形の面積，相似な立体の表面積や体積を求める問題で，比例式を使って解いてよいですか。

〈解〉　よい。

　　　相似比が比の値で示してある場合も，面積や体積は原理を理解させた上で，相似比の2乗または3乗をかけることを利用して解くが，一般には比例式を使った方が分かりやすい場合が多い。また，第1学年のおうぎ形の中心角や弧の長さ，面積を求める問題でも比例式を使って解いているため，第3学年においても同様に比例式を使って解くように指導するとよい。

第3学年「図形と相似」

> **問㉖** 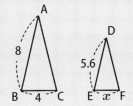 △ABC∽△DEFで，辺EFを求める問題では，
> AB：DE＝BC：EFで求めるのと，
> AB：BC＝DE：EFで求めるのとでは
> どちらがよいですか。

〈解〉　どちらでもよい。

　　　一般的には，対応比であるAB：DE＝BC：EFで求めるが，生徒が形状比に気付いている場合は，AB：BC＝DE：EFを取り上げるとよい。

　　　対応比がすべて等しいとき，すなわち相似のときは，形状比もすべて等しくなり，その逆も成り立つ。これを式で表すと，AB：DE＝BC：EF ⇔ AB：BC＝DE：EFとなる。

　　　証明は，それぞれの比例式を比の値を使って求める。

[対応比]　　　　　　　　　　　　[形状比]

$$AB：DE＝BC：EF$$

$$\frac{AB}{DE} = \frac{BC}{EF}$$

$$AB \times EF = DE \times BC$$

$$AB：BC＝DE：EF$$

$$\frac{AB}{BC} = \frac{DE}{EF}$$

$$AB \times EF = DE \times BC$$

よって，2つの比例式は内項どうしを交換しても成り立つことになる。

　　　問題文の辺EFを求める場合は，AB：BC＝8：4＝2：1であるから，辺EFは $5.6 \div 2 = 2.8$ と簡単に求められるので，形状比の方が求めやすいことが分かる。

第3学年「円の性質」

> **問27** 円周角の定理の証明は，場合に分けて証明するが，どのような点に留意して指導したらよいですか。

〈解〉　円周角の定理を証明する際の場合分けについて，すべての場合を示す必要があるが，生徒の実状に応じて，できるだけ簡単な場合，特別な場合を手がかりに考えられるようにする。

　　まず，図1の辺BPが円の中心を通る特別な場合から考えるようにする。このとき，△OPAが二等辺三角形であり，その内角と外角の関係から，円周角は中心角の半分であることを確認できるようにする。

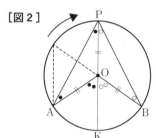

[図1]

　　そして，図2，図3のように点Pを矢印方向に動かすことで，図の形状から右の図1，図2，図3の3つの場合があることを見つけ，場合に分けて考える必要性を感じることができるようにする。

　　図2では，∠APBの頂点Pを動かすとき，△OPAと△OPBの形は変わるが，二等辺三角形を保つという見方に着目できるようにする。このことは，円の定義からOP＝OA＝OBが保証されていることに気付かせることにもなる。このとき，円周角∠APBは対応する中心角∠AOBの半分であることだけを示す

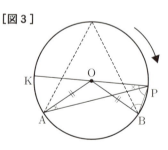

[図2]

のではなく，中心角に関係付けられていることを明らかにできるようにする。つまり，動くもの（∠APB）を動かないもの（∠AOB）に関係付けてとらえることに着目できるようにする。

　　図3の点Oが，円周角の外部にある場合は，二等辺三角形が重なっているから，図2の場合と同一視できるとよい。（詳細は〈参考〉）

[図3]

　　また，図2から図1を見直し，△OPA，△OPBの2つの二等辺三角形の一方が消滅して，1つになったとみることができるとよい。

　　なお，図3の場合のような，点Oが円周角の外部にある場合については，示す必要はあるが，生徒の実状に応じて扱うこととして，深入りしないようにする。

〈参考〉　図1は，直径PBの端点Bから始まる $\overset{\frown}{AB}$ に対する円周角は中心角の半分であることを表している。図2は，直径PKの端点Kから両方向へ向く2つの $\overset{\frown}{AK}$ ，$\overset{\frown}{KB}$ に対する中心角と円周角をそれぞれ考えている。図3は，直径PKの端点Kから同方向へ向く2つの $\overset{\frown}{BK}$ ，$\overset{\frown}{KA}$ に対する中心角と円周角と考えている。

この図2，図3のそれぞれの中心角，円周角の大きさについて

　図2：$\overset{\frown}{AK} + \overset{\frown}{KB}$ とした和　　　　図3：$\overset{\frown}{BK} - \overset{\frown}{KA}$ とした差

として求めていることに気付かせることができる。

　これは，ちょうど直角三角形の求積を既知として，一般の三角形の面積を求めると　き，頂点から垂線の足が底辺上にあるときとないときの求積の仕方と類似している。

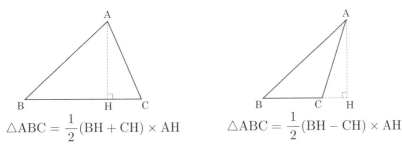

$$\triangle ABC = \frac{1}{2}(BH + CH) \times AH \qquad \triangle ABC = \frac{1}{2}(BH - CH) \times AH$$

第3学年「円の性質」

問㉘ 円周角の定理の逆を証明するときに，どのように指導したらよいですか。

〈解〉　　まず，円周角の定理の逆を理解するための活動として，角が一定である点をたくさんとると，それらは1つの円周上にあるという事実を，作業を通して予想し認める活動が大切である。円周角の定理の逆についての証明は，中学生にとって難しいので，この活動が特に必要になる。

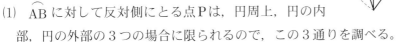

　　ここでは，円周角の定理の逆の証明を2通り紹介する。

(1)　$\overset{\frown}{AB}$ に対して反対側にとる点Pは，円周上，円の内部，円の外部の3つの場合に限られるので，この3通りを調べる。

①　点Pが点Cと同じ側の　　②　点Pが円の内部にある　　③　点Pが円の外部にある
　　円周上にあるとき　　　　　　　とき　　　　　　　　　　　　とき

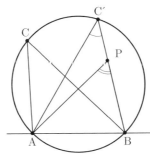

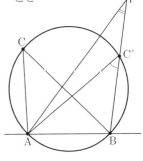

　　　∠ACB＝∠APB　　　　　∠ACB＜∠APB　　　　　∠ACB＞∠APB

　　以上より，∠ACB＝∠APBとなる点Pは円周上に限られる。

(2)　∠APB＝∠ACBのとき，点Pが $\overset{\frown}{AB}$ 上にないとすれば，点Pは円Oの内部にあるか，外部にある。（直線ABの上側だけで考える）

　　　円Oの内部にあれば　　∠APB＞∠ACB

円Oの外部にあれば　∠APB＜∠ACB

となり，どちらも∠APB＝∠ACBの仮定に反する。

　したがって，点Pは $\overgroup{AB}$ 上にある。

　この円周角の定理の逆によって，円が角で特徴付けられることになる。円は，1点から等距離にある点の集合であることに加えて，等角性をもった点の集合としてみることもでき，その特徴を拡張することができる。

第3学年「円の性質」

問㉙ 円に内接する四角形の性質，方べきの定理，接線と弦のつくる角の性質をどの程度授業で扱うべきですか。

〈解〉　円に内接する四角形の性質は，高等学校で学習する内容であるので，中学校ではあまり深入りせずに，生徒の理解度や実状に応じて取り扱うとよい。

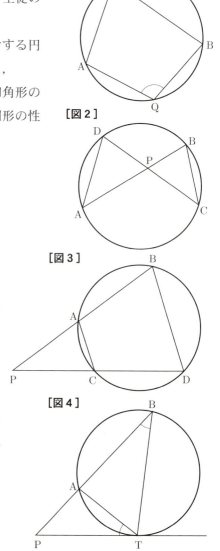

【図1】

【図2】

【図3】

【図4】

　図1で，$\overgroup{AB}$ に対する円周角と反対側の弧に対する円周角の和を考える。2つの角の和を一般化すると，∠APB＋∠AQB＝180°となり，円に内接する四角形の性質となる。これは，円と交わる直線でできる図形の性質が方べきの定理につながる。

(1)　点Pが円の内部にある場合

　図2の場合，円周角の定理を利用して，△ADP∽△CBPが成り立つ。

　そして，PA：PC＝PD：PBから
PA×PB＝PC×PDを見いだすことができる。

(2)　点Pが円の外部にある場合

　図3の場合，円に内接する四角形の性質を利用して△PAC∽△PDBが成り立つ。

　そして，PA：PD＝PC：PBから
PA×PB＝PC×PDを見いだすことができる。

(3)　(2)で1つの直線が円の接線である場合

　一方の直線が円と2点で交わり，もう一方が円と接する図4の場合，(2)のCとDが重なったと考えることができ，

　　　△PAT∽△PTB

　　　PA：PT＝PT：PB

　　　PA×PB＝PT² がいえる。

この証明には，接線と弦のつくる角の性質が必要である。

〈参考〉　円周角の定理，接線と弦のつくる角の性質，円に内接する四角形の性質について，図5のように，円周上の点Pを円周上で動かして，点Cから点Bに近づけていくと関連付けて指導できる。

　このように∠APBを連続的にとらえ，∠ACBと等しい大きさの角がどこに現れるかを予想させ，それが正しいかどうかを確かめる学習を発展的に考えることができる。このことにより，図を動的にとらえ，統合的な見方を育てられる。

[図5]

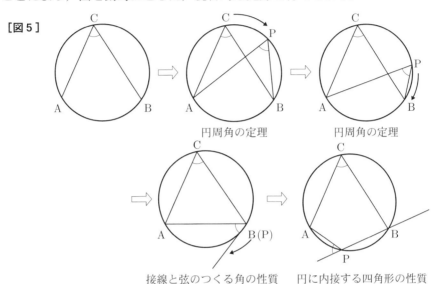

円周角の定理　　　　円周角の定理

接線と弦のつくる角の性質　　円に内接する四角形の性質

第3学年「三平方の定理」

問㉚　三平方の定理の証明で，生徒に分かりやすいものには，どのような証明方法がありますか。

〈解〉　まずは，図1のように直角三角形を方眼紙にかき，3辺の長さの関係を見つける場を設定する。そして，三角形の3辺をそれぞれ1辺とする正方形をかき，斜辺を1辺とする正方形の面積が，直角をはさむ2辺をそれぞれ1辺とする正方形の面積の和になっていることに気付くようにする。このとき，斜辺を c ，直角をはさむ2辺をそれぞれ a ，b として，直角をはさむ1辺の長さを変え，数値の変わり方を次のページの表1のように調べ，三平方の定理に気付かせることができる。この後，一般的な三平方の定理を証明する学習を展開できる。

[図1]

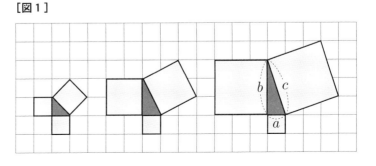

a^2	1	1	1	……
b^2	1	4	9	……
c^2	2	5	10	……

　三平方の定理の証明についてはいくつもある。これらの中には，図形の移動，線対称，三角形の合同，相似，平方根の考えなど，これまで学習してきた数学的な見方や考え方を用いるものもあるので，生徒の実状に応じて考えさせるとよい。ここでは3つの証明を紹介する。

⑴　面積の式の計算を利用した証明

　図2のように，△ABCと合同な直角三角形を，ABを1辺とする正方形の外側にかき加えてみると，正方形EFCDができる。

　BC$=a$，CA$=b$，AB$=c$とすると，ABを1辺とする正方形の面積は，

　　正方形EFCD$-$△ABC$\times4$

として求められるので，

$$c^2 = (a+b)^2 - \frac{1}{2}ab \times 4$$
$$= a^2 + 2ab + b^2 - 2ab$$
$$= a^2 + b^2$$

となる。

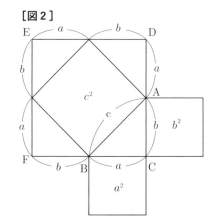

［図2］

　また，図3においても同様にして直角三角形4つを合わせて斜辺を1辺とする正方形で考える場合もある。

$$c^2 = \frac{1}{2}ab \times 4 + (a-b)^2$$
$$= 2ab + a^2 - 2ab + b^2$$
$$= a^2 + b^2$$

となる。

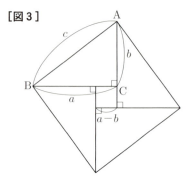

［図3］

⑵　相似を利用した証明

　図4において，△ABC∽△CBDだから

　　AB：CB$=$BC：BDより$c:a=a:y$

　よって，$a^2 = cy$　……①

　△ABC∽△ACDだから

　　AB：AC$=$AC：ADより$c:b=b:x$

　よって，$b^2 = cx$　……②

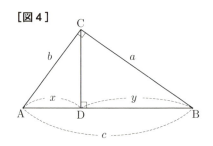

［図4］

①，②から

$$a^2 + b^2 = cy + cx$$
$$= c(x + y)$$

ここで，$c = x + y$ なので $a^2 + b^2 = c^2$ が成り立つ。

⑶ 図形の移動と等積変形を利用した証明

図5のように，正方形AEDBの面積の $\dfrac{1}{2}$ の△BADの面積が，等積変形，回転移動（合同），そして等積変形を行うことにより△BHJの面積と等しいことを示す。同様に，△ACGの面積と△JICの面積が等しいことを示す。

図6から，正方形AEDB＋正方形ACGF＝正方形BHICとなる。

三平方の定理について，直角三角形の各辺を1辺とした正方形の面積の関係としてとらえさせるにはよい証明法である。

[図5]

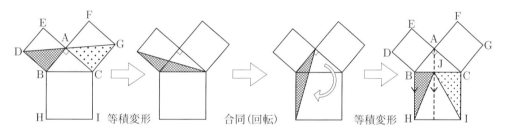

等積変形　　　　　　合同(回転)　　　　　等積変形

[図6]

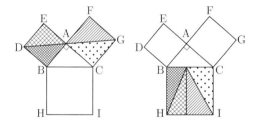

「関数・統計」の問題

第1学年「変化と対応」

問① 比例・反比例の導入の授業では，どのような点に留意すればよいですか。

〈解〉　比例において，中学校では変域を負の数まで拡張しながら，一般に a を比例定数として $y = ax$，または $\dfrac{y}{x} = a$ という形で表された関係であることを学習する。その際，独立変数と従属変数を明確にして，「y は x の関数である」という意識をもつことができるようにする。また，グラフは，式を満たす点の集合として直線となることをとらえられるようにする。

　　反比例において，中学校では，比例と同様に変域を負の数まで拡張し，一般に a を比例定数として $y = \dfrac{a}{x}$，または $xy = a$ という形で表された関係であることを学習し，関数としてのとらえ方は比例の指導と同様である。グラフは双曲線になることを学習するが，式を基にして曲線をかくという経験はこれまでにない。そのため，点の集合であることを意識させながら，できるだけ多くの点をとり，滑らかな曲線としてとらえられるようにする。

　　題材については，例えば，プールに一定の割合で水を入れることを考えるとき，水を入れる時間と入る水の量を考えれば，その関係は比例になるが，水が一定量入るまでにかかる時間と単位時間当たりに入る水の量を考えれば反比例になる。事象を考察するとき，「何に着目するか」，「どのような関係を見いだすか」，「何を何におきかえるか」，そして「事象の予測の手段として生かす」というところに関数の考えがあり，そこに重点を置いた指導に留意することが大切である。数学の知識としての比例，反比例で終わるのではなく，事象の考察の中にある関数の考えを理解し，そこに比例，反比例を位置付ける指導を心がけるようにする。

第1学年「変化と対応」

問② 反比例で，y の値が 0 にならない理由をどのように指導したらよいですか。

〈解〉　生徒の学習状況に応じて，次の(1)～(3)が挙げられる。特に具体的事象から考えると生徒は分かりやすいと考えられる。

(1)　具体的事象で考える。

　　例えば，面積が $12 \ \text{cm}^2$ の長方形の縦 $x \ \text{cm}$ と横 $y \ \text{cm}$ との関係について考える。こ

れは，$xy = 12$ という反比例の関係となることが分かる。このとき，横の長さ $y = 0$ になると面積が $12\,\mathrm{cm}^2$ の長方形にはなり得ない。また，$x = 0$ または $y = 0$ になってしまうと反比例の関係式が成り立たなくなることからも $y = 0$ にはならないということを理解できるようにする。

(2)　式から考える。

　反比例の式 $y = \dfrac{a}{x}$ という式で考えると x は 0 以外の数が入るため，$y = 0$ になる場合は $a = 0$ の場合だけである。しかし，$a = 0$ とすると x がどんな数でも $y = 0$ になり，「x の値が 2 倍，3 倍，……になると y の値は $\dfrac{1}{2}$ 倍，$\dfrac{1}{3}$ 倍，……になる」という反比例の関係に当てはまらないことに気付く。つまり，$a \neq 0$ であり，そこから y の値が 0 にならないことを理解できるようにする。

(3)　グラフと式で考える。

　$y = \dfrac{a}{x}$ の x に適当な数を当てはめてグラフを考える。グラフをかくと，x も y も限りなくそれぞれの軸に近づくものの，0 にはなり得ないことが分かる。そこで，x の値を大きくした場合，y の値がいくつになるか考える場を設定する。$a > 0$ のとき，x がどれだけ大きくなっても，y は限りなく小さくなるが 0 にはならないことを式とグラフで確認できるようにする。例えば，$y = \dfrac{3}{x}$ において $x = 100$ のとき，$y = \dfrac{3}{100}$ はグラフ上で 0 に近いが 0 ではないことに，また，$a < 0$ のときに関しても具体的な数値で考え，同様なことに気付くようにする。

第1学年「変化と対応」

問③　反比例は，比例と比べて，生徒がなかなか理解できません。どのような点に留意して指導すればよいですか。

〈解〉　反比例の学習での生徒のつまずきやすい点を，次の(1)，(2)のように挙げることができる。そのつまずきに対し，指導上の留意点を明らかにする。

(1)　伴って変わる A と B，2 つの数量の関係を考えるとき，「A が増えると B が減る」の関係にある規則性に気付いた場合，「B は A に反比例する」と誤解する。

[例]　y は x に反比例し，次の表のように $x = 3$ のときの y の値を求める場合

x	$\cdots$	-2	-1	0	1	2	3	$\cdots$
y	$\cdots$	-6	-12	$\times$	12	6	$\square$	$\cdots$

（誤答1）　$x > 0$ で x が 1 ずつ増えるとき，y の値が 6 ずつ減ると考えて $y = 0$ としてしまう。

（誤答2）　$x > 0$ で x が 1 ずつ増えるごとに，y の値が前の数の $\dfrac{1}{2}$ 倍になっていくと考えて $y = 3$ としてしまう。

指導に当たっては，「x の値が 2 倍，3 倍，……と変化すると，y の値が $\frac{1}{2}$ 倍，$\frac{1}{3}$ 倍，……になる」という反比例の関係を振り返り，次のように表を使って，その内容を説明できるようにする。

反比例の関係は，$x = 1$ から $x = 2$ へ 2 倍となるとき，y の値は 12 の $\frac{1}{2}$ 倍の 6 になることを確認した上で，$x = 1$ から $x = 3$ へ 3 倍となるとき，y の値は $\frac{1}{3}$ 倍となることから，$y = 12 \times \frac{1}{3} = 4$ となることを理解できるようにする。

(2) 反比例の式 $y = \dfrac{a}{x}$ の形が，比例の式 $y = ax$ と比べて分数の形となり，苦手意識をもちやすい。

指導に当たっては，例えば，面積が $18\,\mathrm{cm}^2$ の長方形の縦の長さ $x\,\mathrm{cm}$ と横の長さ $y\,\mathrm{cm}$ の関係を表で調べる場面で，次のように指導する。

① 表を作成する上で，x，y の値をできるだけ多くとる。

x	0	1	2	3	4	5	…	18	…	36	…
y	×	18	9	6	4.5	3.6	…	1	…	0.5	…

② 表から x の値が 2 倍，3 倍……となれば，y の値が $\frac{1}{2}$ 倍，$\frac{1}{3}$ 倍……となることを理解できるようにする。

③ x の値と y の値の積が常に一定であることを確認できるようにした上で，$xy = 18$ となることを理解できるようにする。

この式から分数の形へと変形し，$y = \dfrac{18}{x}$ となることを理解できるようにする。また，x，y の値を式に代入して，等式が成り立つことを確認する場をもてば理解は深まると考えられる。

第 2 学年「一次関数」

問④ 関数と関数関係の言葉の使い分けは，どのようにすればよいですか。

〈解〉 伴って変わる 2 つの量があり，一方の量 x を決めると他方の量 y がただ 1 つに決まるとき，y は x の関数であるといい，また，このような 2 つの量の関係を，関数関係ということの事例を示して理解できるようにする。

例えば，三角形の面積を考える場合，面積が一定ならば，底辺の長さが分かっていると，高さは計算で求められる。すなわち，高さがただ 1 つに決まる。だから「三角

形の高さは底辺の長さの関数である」といい，「三角形の高さと底辺の長さは関数関係にある」という。「△△は〇〇の関数である」，「△△と〇〇とは関数関係にある」というように表現できるようにする。

〈参考〉　関数を表す英語 function には，「機能」とか「役割」といった意味がある。産業革命以降発達した「関数」には変化する対象を把握し，表現・処理する願いとともに，労力軽減に益する働きの期待があった。例えば，「何枚かの重い正方形のスレート（石の塊）を，三角形のような階段状に並べるとき，底辺の個数を決めれば，並べなくても高さは分かる」といった作業の計画等の見通しや予測に役立つものであった。

第2学年「一次関数」

問⑤　関数の定義を指導するとき，関数であるものの具体例は教科書に載っていますが，関数でないものの具体例は，どのようなものを取り扱うとよいですか。

〈解〉　関数でないものの具体例として，次のようなものを取り扱うとよい。

　［例］　①　x と y に依存関係のないもの

　　　　　・x 歳の人の身長 y cm

　　　　　・気温 x ℃のときの降水量 y mm など

　　　②　x と y に依存関係は考えられるが，一方の量 x を決めると他方の量 y がただ1つに決まらないもの

　　　　　・幅跳びの助走の距離 x m と跳んだ距離 y m

　　　　　・発表会の案内状を x 枚配付したときの来場者数 y 人　など

　　　①では，年齢で身長が決まることはなく，気温によって降水量は決まらないので，x，y は関数でない。また，②では，幅跳びの助走の距離と跳んだ距離や案内状を配付した枚数と来場者数などは，ある程度の相関関係が考えられるものの，一方の量 x を決めると他方の量 y が，ただ1つに決まるわけではないので関数ではない。

第2学年「一次関数」

問⑥　関数の指導において，言葉による表現，表による表現，グラフによる表現，式による表現のよさとは何ですか。また，指導する上でどのような点に留意して指導すればよいですか。

〈解〉　関数の概念は，量が伴って変わるとみることから形成されると考えられる。その伴って変わる量の表し方には，主に言葉による表現，表による表現，グラフによる表現，式による表現がある。次のように，それぞれの表現について考えることができる。

⑴　言葉による表現

　最も素朴で日常的な表現で広く使われているのが，言葉による表現である。例えば，

水温20℃の水を熱するときの水温の変化では，次のような言葉を使って表現できる。

　　　・水温は，熱する時間に伴って変わる。

　　　・熱する時間が長くなると，水温は高くなる。

　　　・20℃から上がった水温は，熱する時間に比例する。

　　　・熱する前の水温が20℃であるので，水温と熱する時間の関係は一次関数である。

　これらはやや漠然としているが「比例」，「一次関数」という数学的な言葉により，水温の変化をより的確に表現している。ただし，比例定数が決まらなければ十分とはいえないが，身の回りの事象を伝え合う上で，このような表現は重要である。

(2)　表による表現

　関数を客観的に表す方法の1つとして表による表現がある。表は，伴って変わる2つの数量の対応する値をいくつか取り出し，それを並べたものである。生徒にとって表をつくることはそれほど難しくない。(1)の水温の事例について，次のように表はその対応（縦方向）がはっきりと表され，変化（横方向）もみることができる。

　　［例］　水温20℃の水を熱する時間と水温

		変化					
熱する時間（分）	0	1	2	3	4	5	⋯
水　温（℃）	20	24	28	32	36	40	⋯
		変化					

　しかし，表は取り得る値が離散的であり，連続量を考える場合には近似的な表現となる。表をつくる目的は，得られた資料の整理とその観察により何らかの規則性を発見することにある。関数の概念がある程度理解されてくると，表からグラフや式での表現が主となるが，表における具体的な値の変化や対応を把握することは必要なことである。

(3)　グラフによる表現

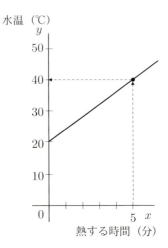

　連続的な値の対応を表すことができるのがグラフである。グラフによる表現は，(1)の水温の事例について言えば，数量の関係が直線で表現できるから，一次関数の関係ととらえられる。右のグラフは，その伴って変わる2つの量の対応を，直線上の点と点の対応として示したものである。

　この表現の特徴は，連続的な値の対応ばかりではなく，対応の規則を示す線の性質によって，変化の様子を直観的・具体的に読み取ることができることである。ただし，ある程度の近似性が入るため，式ほど正確ではないが，変化の様子をおおまかにとらえることができる。グラフによる表現は確かに便利ではあるが，あくまで表

現の１つであるので,「グラフさえかければよい」,「どんなことでもグラフを基に考えればよい」などという偏った指導は避けるようにする。

⑷　式による表現

　関数を最も正確に表現しているのは,文字を使った式である。伴って変わる２つの量があるとき,その変化する量を表す x , y において,その関係を $y = f(x)$ の形に表したものである。例えば,⑴の水温の事例では,グラフが直線となることから一次関数とみることができ, $y = 4x + 20$ という式で表現できる。

　また, $y = ax$ や $y = ax + b$, $y = ax^2$ などにおける定数 a や b の意味は,それぞれの変化する事象における一定の状況から生じる数値である。⑴の事例では,水を熱する時間 x と水温 y における a , b は,水を熱する力（例えば火力）や熱する前の水温によって決まる数値となる。

　このような変数や定数についてイメージをもたせるには,やはり実際に実験を行って考察することが有効である。

第２学年「一次関数」

問⑦　一次関数の傾きと変化の割合の違いがよく理解できません。傾きも変化の割合も,関数 $y = ax + b$ の a であることを理解できるよい指導方法はありませんか。

〈解〉　一次関数の特徴として,変化の割合が一定であることを,グラフの立場から見直すことは大切である。そのため,一次関数では,次のように傾きと変化の割合を関連付けて理解できるようにする。

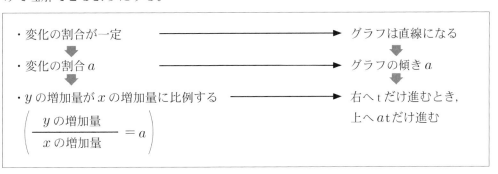

　例えば,一次関数 $y = 2x + 1$ について, x の値が１ずつ増えるとき, y の値は２ずつ増えることを調べたあと, x の値が１から４まで変わるとき, y の値が３から９まで変わることを確認できるようにする。

[表1]

		+3	
x	1	→	4
y	3	→	9
		+6	

　　x の増加量は $4 - 1 = 3$

　　y の増加量は $9 - 3 = 6$

このとき,変化の割合は $\dfrac{6}{3} = 2$ となり, $y = ax + b$ の a と等しくなっている。

　つまり,変化の割合とは, x の値が増加したときに y の値が増加する割合を求めて

おり，これは表1における始点と x の増加量の幅をどのよう 　**[図1]**
に変えても，変化の割合が一定（この場合は2）であること
を確認できるようにする。

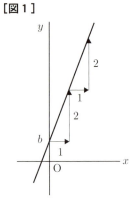

　また，グラフでみたときに，$y = 2x + 1$ のグラフ（図1）
は直線であり，その傾きは $\dfrac{2}{1} = 2$ となり a と等しくなる。
そのことから，一次関数は，グラフが直線となり，その傾き
は変化の割合と等しくなることを理解できるようにする。

第2学年「一次関数」

問⑧ 身近な事象で，関係を見いだし，関係式を導く場合，常に変域を明示しなければ
なりませんか。

〈解〉　変域を明示しなければならない。

　具体的な事象では，変数の取り得る値の範囲に制限があることが多い。このような
場合には，生徒がその変域を意識できるようにすることが大切である。

　指導に当たっては，具体的な事象を扱い，そこでの2つの変数のとり得る値の範囲
を考察する場を設定することが考えられる。

　例えば，線香が燃える事象を考える場面では，時間（ x 分），線香の残りの長さ
（ y cm）の両方の取り得る値の範囲を表などで考察し，不等号を用いて表す必要があ
る。時間の取り得る範囲は，燃え始めた時間（0分）から燃え尽きた時間までの間の
数値となり，線香の長さの取り得る範囲は，燃える前の長さから燃え尽きた長さ
（0 cm）までの間の数値となることを確認できるようにする。

第2学年「一次関数」

問⑨ x の変域に対応する y の変域を表現することが，なかなか理解できませんが，ど
のように指導したらよいですか。

〈解〉　x の変域に対応する y の変域を考える場合，グラフを用いて理解できるようにする。

　与えられた x の変域から y の変域を求める場合には，x の変域の端点に対応する y
の座標を求めるだけでなく，グラフを用いて視覚的にとらえることが大切である。

　指導に当たっては，与えられた変域の範囲を示すグラフだけをかくのではなく，そ
のグラフの取り得る値の範囲を座標に対応させて，x と y の値の範囲を読み取るなど
の活動を取り入れることが考えられる。また，「～より大きい」，「～より小さい」，
「以上」，「以下」，「未満」という言葉や不等号を用いた表記の意味を，グラフと対応
させて考えることができるようにする。

　例えば，表1，表2はそれぞれ，$y = x + 1$，$y = -x + 1$ について，x の変域

2 ≦ x ≦ 4 のときの y の変域を表している。このと
き，表 2 のように変化の割合が負の値になる場合，
x と y で増減の向きが変わり，−1 ≦ y ≦ −3 と誤答
することがある。また，式を用いて考えた場合も同
様である。そのため，表や式だけでなく，視覚的に
大小関係を把握しやすいグラフと対応させて理解で
きるようにする。

そのため，図 1 のグラフのようにグラフ内に x の
変域をかき込むことで，対応する y の変域が明確に
なる。また，グラフを用いることで，変化の割合が
正の数，負の数どちらの場合でも大小関係が分かり
やすくなるので，−1 ≦ y ≦ −3 と誤答することが少
なくなると考えられる。

このように，具体的な事象を取り上げ，変域を意
識しながらとらえたり，グラフを用いて説明させた
り，変域のあるグラフとないグラフを比較させたり
すると，より理解を深めることができる。

[表1] $y = x + 1$ （$2 \leqq x \leqq 4$）

x	2	← x →	4
y	3	← y →	5

[表2] $y = -x + 1$（$2 \leqq x \leqq 4$）

x	2	← x →	4
y	−1	← y →	−3

[図1]

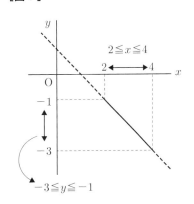

第2学年「一次関数」

問⑩ 関数において，変数 x，y の変域の両端の値を含むのか，含まないのかについて，
どのように指導したらよいですか。

〈解〉 問題の条件から，変数 x，y の変域の両端の値を含むかどうか考える場を設定し，
その値を含む場合は「≦」，「≧」を用いて表す。

例えば，「気温は，地上から 10 km までは高度が 1 km 増すごとに 6 ℃ずつ低くな
る」という事象では，次のように考えることができるようにする。

地上の気温が 20 ℃の場合，地上からの距離を x km，上空の気温を y ℃とした場合，
$y = 20 - 6x$ という式で表されることを確認できる。この場合，地上の温度は $x = 0$
で求めることができるから，0 を含めて $0 \leqq x \leqq 10$ と変域を考えることができる。

また，「タクシーの乗車距離と運賃」のような事例の場合は，変数 x の両端を含ま
ない場合があるので注意できるようにすることが必要である。

表 1 は，乗車距離が 1200 m までは，一律 600 円で，255 m ごとに 90 円加算される
タクシーに乗車した場合の表である。

[表1]

乗車距離（m）	1200 m まで	1455 m まで	1710 m まで	1965 m まで	2220 m まで
運賃（円）	600 円	690 円	780 円	870 円	960 円

乗車距離を x(m)，運賃を y(円)とすると，$y = 690$ となるのは，$1200 < x \leqq 1455$ であり，$x = 1200$ の場合は含まない。また，乗車距離 1200 m はどの部分の運賃に含まれるかを考えさせることで，1200 m までは 600 円で，1200 m より少しでも長くなれば 690 円になることを理解できるようにする。

第2学年「一次関数」

問⑪ 具体的な事象の中で，一次関数となるものを見いだすことができるようにするには，どのように指導したらよいですか。

〈解〉 具体的な事象の中で，問題を解決するとき，実際のデータの特徴を分析し，その事象を理想化，単純化して数学の問題として，とらえるようにする活動に取り組むように指導する。

指導に当たっては，実際に起こり得るデータを観察する場面を取り入れ，表やグラフに表す活動を通して，定式化（理想化，単純化等）する過程を経験できるようにすることが考えられる。例えば，山の標高と気温の関係について，実際のデータをグラフに表すと，点がほぼ直線上に並ぶことから，その関係を一次関数とみなすことができる。そして，直線のグラフをかくことによって，データのない場所の標高の気温を読み取ることができる。そのことを通して，一次関数としてみることのよさや，一次関数が生活事象に役立っていることに気付くことができる。

また，「一定の割合で気温が下がる」という記述があれば，それから「変化の割合が一定である」ととらえられるので一次関数と判断できる。このように，言葉で表現された事柄の数学的な意味を考えられるようにする。さらに，とらえた関係を式や記号を用いて表すことができるようにすると，事象を考察する上で役立つことに気付く。

第2学年「一次関数」

問⑫ 一次関数で，変域によって傾きが変わるなど，変則的なグラフをかくことが苦手な生徒に対して，有効な指導法があれば教えてください。

〈解〉 一次関数で，変域によって傾きが変わるなど，変則的なグラフとなる指導について，次の問題を例に説明する。

[問題] 右の図の長方形ABCDにおいて，点P はAを出発して，辺上をB，Cを通ってDまで動く。点PがAから x cm 動いたときの △APDの面積を y cm² として，△APDの面積の変化の様子をグラフにしなさい。

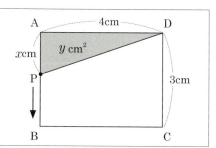

この問題について，生徒がつまずく主なポイントとして，次の点を挙げることができる。

・点Pが動くイメージができないため，三角形の面積の変化について理解できない。

・三角形の面積の変化について，変域によって区分されることが理解できない。

・グラフに表すとき，3種類の直線で構成されることが理解できない。

そのために，次のようなことに留意して指導する。

(1)　具体的に図をかき，点PがAからDまで動くときの点Pの位置を変化させ，$\triangle$APDの面積の変化を視覚的に確認し整理するようにする。

①　点PがAB上を動くとき

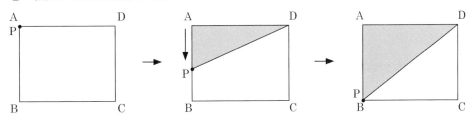

$\triangle$APDの面積yは，$4 \times AP \times \dfrac{1}{2} = 2 \times AP = 2AP \,(\text{cm}^2)$ となる。

②　点PがBC上を動くとき

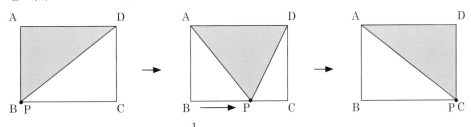

$\triangle$APDの面積yは，$4 \times 3 \times \dfrac{1}{2} = 6 \,(\text{cm}^2)$ で，一定となる。

③　点PがCD上を動くとき

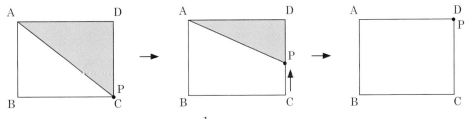

$\triangle$APDの面積yは，$PD \times 4 \times \dfrac{1}{2} = 2PD \,(\text{cm}^2)$ となる。

(2)　$\triangle$APDの変化を確認し整理する過程で，点Pの位置を辺の長さと照らし合わせながら，xの変域を明らかにできるようにする。

①　点PがAからBまで動くとき，xの変域は $0 \leqq x \leqq 3$ となり，$\triangle$APDの面積は，APの長さに伴って増している。

②　点PがBからCまで動くとき，xの変域は $3 \leqq x \leqq 7$ となり，$\triangle$APDの面積は，常に底辺AD（$= 4\,\text{cm}$），高さAB（$= 3\,\text{cm}$）とみることができるので，$\triangle$APDの

面積は一定（$6\,\text{cm}^2$）である。

③　点PがCからDまで動くとき，x の変域は $7 \leqq x \leqq 10$ となり，$\triangle$APD の面積は，PDの長さに伴って減っている。

　　ここで，$\text{PD} = 10 - x\,(\text{cm})$ となるが，このPDを表すとき，誤りやすいので特に留意する。

(3)　x の変域にあわせた $\triangle$APD の面積 y と x についての式を立て，グラフに表すことができるようにする。

①　点PがAB上を動くとき（$0 \leqq x \leqq 3$）

　この場合，図と照らし合わせて表をつくると，次のようになる。

x	0	1	2	3	x
y	0	$4 \times 1 \times \dfrac{1}{2} = 2$	$4 \times 2 \times \dfrac{1}{2} = 4$	$4 \times 3 \times \dfrac{1}{2} = 6$	$4 \times x \times \dfrac{1}{2} = 2x$

　このことは，前述したように，$\triangle$APD の面積 y がAPの長さ x により変化するので $y = 4 \times x \times \dfrac{1}{2}$，$y = 2x$ となり，y は x に比例する関係となっている。

②　点PがBC上を動くとき（$3 \leqq x \leqq 7$）

　この場合，図と照らし合わせて表をつくると，次のようになる。

x	3	4	5	6	7	x
y	$4 \times 3 \times \dfrac{1}{2} = 6$	$4 \times 3 \times \dfrac{1}{2} = 6$	$4 \times 3 \times \dfrac{1}{2} = 6$	$4 \times 3 \times \dfrac{1}{2} = 6$	$4 \times 3 \times \dfrac{1}{2} = 6$	6

　このことは，前述したように，底辺AD，高さABが一定のため $\triangle$APD の面積は一定となるので，$y = 4 \times 3 \times \dfrac{1}{2}$，$y = 6$ となっている。

③　点PがCD上を動くとき（$7 \leqq x \leqq 10$）

　この場合，図と照らし合わせて表をつくると，次のようになる。

x	7	8	9	10	x
y	$4 \times 3 \times \dfrac{1}{2} = 6$	$4 \times 2 \times \dfrac{1}{2} = 4$	$4 \times 1 \times \dfrac{1}{2} = 2$	0	$4 \times (10 - x) \times \dfrac{1}{2} = -2x + 20$

　このことは，前述したように，$\triangle$APD の面積 y がPDの長さ $(10 - x)$ により変化するので，$y = 4 \times (10 - x) \times \dfrac{1}{2}$，$y = -2x + 20$ となり，x と y は一次関数の関係になっている。

　以上の①，②，③の変域に合わせて，それぞれに対応する式をグラフに表すと，次のページのようになる。

　理解が十分にできない生徒には，それぞれの変域での x，y の関係を明らかにした上で，表の x，y の値をグラフに位置付ける活動を通して，グラフによる表現ができるようにすることを指導する。

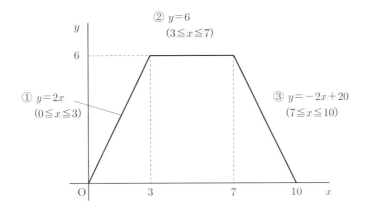

② $y=6$
$(3 \leqq x \leqq 7)$

① $y=2x$
$(0 \leqq x \leqq 3)$

③ $y=-2x+20$
$(7 \leqq x \leqq 10)$

なお，得られた関係を利用して，状況判断をする場などを設定すると，一次関数が身近な生活に役立っていると感じることができる。

第2学年「一次関数」

問⑬ 一次関数の利用で，生活に即した効果的な教材や授業展開はありますか。

〈解〉 一次関数の利用について，次のような生活に即した教材を使って授業を展開できる。

> ある人が携帯電話の契約の仕方を検討しています。AプランとBプランにかかる費用は，下の表のようになります。月当たり何分以上通話すると，Aプランの方がお得になるでしょうか。
>
> | | Aプラン | Bプラン |
> |---|---|---|
> | 月額基本使用料（データ使用・メール使用料を含む) | 8000 円 | 6400 円 |
> | 通話料 | 20 円／分 | 40 円／分 |

指導に当たっては，通話時間と通話料の関係は一次関数とみることができるので，次のように表，グラフ，式を使って，Aプラン，Bプランを比較することを通して，問題解決できるようにする。ただし，正確には，階段状のグラフになる関係であることを把握して指導する。

(1) 表を使って問題解決する。

通話時間(分)	0	1	2	3	…	10	…	80	81	…
Aの料金（円)	8000	8020	8040	8060	…	8200	…	9600	9620	…
Bの料金（円)	6400	6440	6480	6520	…	6800	…	9600	9640	…

(2) グラフを使って問題解決する。

表をもとにグラフ化して，交点の座標を確認できるようにする。

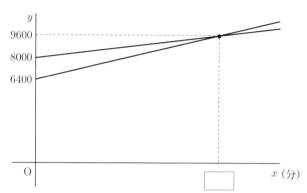

(3) 式を使って問題解決する。

Aプラン，Bプランの式をそれぞれ，次のように求める。

　Aプラン：$y = 20x + 8000$

　Bプラン：$y = 40x + 6400$

　2つの式を連立方程式と考え，その解を求めて，Aプラン，Bプランの料金が等しくなる通話時間を求めることができる。

　このように生活に即した事象で，表，グラフ，式を使って問題解決ができれば，2つの伴って変わる数量を見つけたとき，その関係が一次関数としてみることができるので，一次関数が生活に役立っていることに気付き，一次関数をさらに学習しようとする意欲を高めることができる。

　この他にも，具体的な生活に即した題材として一次関数となるものが，次のように多くある。これらを取り上げ，授業を進めていくことで，一次関数をより身近なものと感じられるようにする。

・水を熱した時間と水温の関係

・商品の販売目標数と利益の関係

・山の標高と気温の関係

第2学年「一次関数」

問⑭　一次関数と比例の関係を理解できずに混同してしまう生徒や，一次関数の中で，右下がりの直線のグラフを「x の値が増加すると，y の値が減少する」と考え，反比例と混同してしまう生徒に，どのように指導したらよいですか。

〈解〉(1) 一次関数と比例の関係を混同する生徒への指導

　一次関数と比例の違いを明確にするとよい。比例 $y = ax$ の関係では，x の値が2倍，3倍，……となると，y の値も2倍，3倍，……となる。一次関数 $y = ax + b$ は，$b = 0$ の場合，$y = ax$ となり比例の関係になることから，比例は一次関数の特別な場

合であることを確認できるようにしておくことが必要である。しかし，一次関数 $y = ax + b$ では，比例のような関係にならないことを確認できるようにする。その関係は，グラフに表すと一次関数のグラフは比例のグラフを上方に平行移動したものであることも理解できるようにする。

　［例］　$y = 2x$ と $y = 2x + 3$ の表とグラフを比べると，

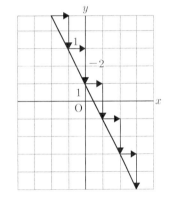

x	…	-3	-2	-1	0	1	2	3	…
① $y = 2x$	…	-6	-4	-2	0	2	4	6	…
② $y = 2x + 3$	…	-3	-1	1	3	5	7	9	…

・①は x の値が2倍，3倍……となると，y の値も2倍，3倍……になっているが，②はそうなっていないことが分かる。

・②のグラフは，①のグラフを3だけ上方に平行移動した直線になることを理解できるようにする。

⑵　一次関数と反比例の関係を混同する生徒への指導

　右下がりの直線のグラフを「x の値が増加すると，y の値が減少する」と考え，反比例とする生徒には，右下がりの直線のグラフの式から表をつくり，その変化を見ることから，反比例と誤認することは回避できる。

　［例］　$y = -2x + 1$ の表

x	…	-3	-2	-1	0	1	2	3	…
y	…	7	5	3	1	-1	-3	-5	…

・反比例のときは，x の値が2倍，3倍，……となると，y の値は $\dfrac{1}{2}$ 倍，$\dfrac{1}{3}$ 倍……となるが，上の表からそうなっていないので，明らかに反比例でないことを理解できるようにする。

・グラフは双曲線にならず，右下がりの直線になっていることを理解できるようにする。

第2学年「一次関数」

問⑮　二元一次方程式 $ax + by + c = 0$ $(\, b \neq 0 \,)$ の解を座標とする点の集合が直線のグラフとして表されることを理解するためにどのように指導すればよいですか。

〈解〉　二元一次方程式 $ax + by + c = 0$ $(\, b \neq 0 \,)$ では，x のとる値を1つ決めれば，それに対応して y の値が1つ決まる。x のとり得る値は無数にあるので，その解は無数にあり，この点の集合が直線のグラフになることを理解できるようにする。

　指導に当たっては，二元一次方程式を満たす x，y の値を座標とする点を座標平面上に x の値が整数値以外の場合も含めてできるだけ多くとり，それらの点が直線上に

並ぶことを確認する場を設定する。その上で，二元一次方程式を y について解いた式に変形することによって，二元一次方程式の解を座標とする点の集合が一次関数のグラフと一致し，直線になることを理解できるようにすることが大切である。

例えば，$2x + y - 10 = 0$ を y について解くと，$y = -2x + 10$ となることから一次関数とみることができるようにする。また，$2x + y - 10 = 0$ を満たす (x, y) の組と $y = -2x + 10$ を満たす (x, y) の組が一致し，直線になることを確認できるようにする。

第2学年「一次関数」

問⑯ 連立二元一次方程式の解は，グラフに表した座標平面上の2直線の交点の座標として求められることを理解していない生徒にどのように指導すればよいですか。例えば，解が x 軸，y 軸との交点と考えている生徒にどのように指導すればよいですか。

〈解〉 二元一次方程式の解を座標とする点の集合は，方程式を満たす x と y の組であることを理解できるようにすることが大切である。連立二元一次方程式では，それぞれの方程式の解を座標とする点の集合が2つの直線となることを振り返り，2直線の交点の座標が2つの方程式を同時に成り立たせる解であることを理解できるようにする。

例えば，連立二元一次方程式 $\begin{cases} x + y = 7 & \cdots\cdots① \\ 2x + y = 10 & \cdots\cdots② \end{cases}$ において，$x + y = 7$ を満たす x, y の組と，$2x + y = 10$ を満たす x, y の組は，それぞれ次の表のようになる。

①の表

x	-1	0	1	2	3	4	5	6	7	$\cdots$
y	8	7	6	5	4	3	2	1	0	$\cdots$

②の表

x	-1	0	1	2	3	4	5	6	7	$\cdots$
y	12	10	8	6	4	2	0	-2	-4	$\cdots$

この2つの表から，x と y の組の共通する組が連立二元一次方程式の解になることをとらえることができる。

これらを座標平面上に表すと右のグラフのように2つの直線になる。この交点P（3，4）は，二元一次方程式①，②を同時に満たすことになり，連立方程式の解になる。

このように，グラフの交点を求め，その座標を示す x，y の値が二元一次方程式を同時に満たすことを確認する活動を行うことで理解が深められる。

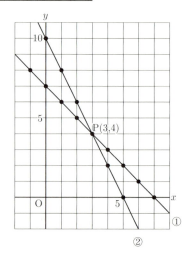

　連立二元一次方程式の解を一次関数のグラフと x 軸や y 軸との交点の座標と考えることについては，①，②を同時に満たしていないことからその解ではないことが分かる。実際に，①上の点（7，0）が，②上にあるかどうかを式やグラフで調べることで理解できるようにする。

第2学年「一次関数」

問⑰　直線 $y = ax + b$ と x 軸との交点の座標を求めるには，直線 $y = ax + b$ の式に $y = 0$ を代入することとしてとらえるだけでなく，$y = 0$ という直線との交点としてとらえさせてもよいですか。

〈解〉　とらえさせてもよい。

　どちらの考え方も重要であり，2つの考え方を関連付けて考えられるようにすることが大切である。x 軸の直線の式は $y = 0$，y 軸の直線の式は $x = 0$ である。したがって，「直線 $y = ax + b$ の式に $y = 0$ を代入する」ということは，「直線 $y = ax + b$ と $y = 0$ という2直線の交点の座標を求める」ということを理解できるようにする。

　また，連立方程式の解と直線の交点の関係を理解した後，直線と軸との交点を求めるには，連立方程式の解を求める考え方で解くことができるようにする。

　例えば，直線 $y = -3x + 6$ と x 軸との交点を求める場合，x 軸の直線の式は $y = 0$ となるから，連立方程式 $\begin{cases} y = -3x + 6 \\ y = 0 \end{cases}$ を解くことにより，交点の座標を求めることができる。

第3学年「関数 $y = ax^2$」

問⑱　関数 $y = ax^2$ を y は x^2 に比例する関数と理解させるには，どのような指導方法がよいですか。

〈解〉　y は x の2乗に比例する関数であることを他の関数と関連させながら理解できるようにする。なお，中学校で学習する内容は，次の①〜④であり，すべて比例としてとらえることができる。一見すると違った形のものでも，少し見方を変えれば比例という同じ仲間としてみることができる。

　①　$y = ax$　　　　　　　　……y は x に比例する。

　②　$y = \dfrac{a}{x}$　　　$\Rightarrow$　$y = a\dfrac{1}{x}$　　……y は $\dfrac{1}{x}$ に比例する。

　③　$y = ax + b$　　$\Rightarrow$　$y - b = ax$　……$y - b$ は x に比例する。

　④　$y = ax^2$　　　　　　　　……y は x^2 に比例する。

　例えば，上の①と④を比較したとき，$y = ax^2$ で，$x^2 = X$ とすると $y = aX$ となり，y は X に比例することが明らかになる。このように文字を置き換えて形をそろえて

説明することも有効である。

〈注〉　第1学年では，比例，反比例を中心に指導することになるが，比例，反比例は関数の一例である。関数についての学習の初期段階においては，比例と反比例だけが関数であるような誤認に陥らないよう，他にも様々な形の関数が存在することを伝えるようにする。

　　　比例の意味については，小学校第5学年から学習している。そこでは，「2つの数量の一方が m 倍になれば，他方も m 倍になる」と理解できるようにしている。関数 $y = ax^2$ では，「x の値が m 倍になれば，y の値は m^2 倍となる」という関数であることにも留意できるようにする。

第3学年「関数 $y = ax^2$」

問⑲　関数 $y = ax^2$ の変化の割合を指導するには，どのようにすればよいですか。

〈解〉　変化の割合は，関数の値の変化の様子を表すものであり，一次関数の場合は一定であるが，関数 $y = ax^2$ では一定でない。x の値の絶対値が大きくなれば，変化の割合の絶対値も大きくなることに気付くように指導する。

　　　例えば，$y = ax^2$ のグラフ上の x の値が p から q まで増加するときの変化の割合は，$x = p$，$x = q$ となる2点を結ぶ直線の傾きと等しい。このことと $y = ax^2$ のグラフの形状を結びつけて指導する。

　　　関数において，ある区間での変化の割合は $\dfrac{y \text{の増加量}}{x \text{の増加量}}$ と定義されていることは，第2学年で学習している。関数 $y = ax^2$ のグラフは，第2学年の一次関数 $y = ax + b$ とは異なり曲線となる。したがって，x の増加量が1のときにも y の増加量は一定ではなく，変化の割合も一定ではないことに留意できるようにする。

　　　例えば，関数 $y = x^2$ で，x の値が p から $p + h$ に増加するときを考えると，y の値は p^2 から $(p + h)^2$ に増加する。x の値が p から h だけ増加するときの y の増加量は $(p + h)^2 - p^2 = 2ph + h^2$ である。つまり，変化の割合は

$$\frac{2ph + h^2}{h} = 2p + h \text{ となる。}$$

　　　これに，$p = 1$，$h = 1$ を代入すると3になる。また，$p = 2$，$h = 1$ を代入すると5になる。詳細については次の表である。

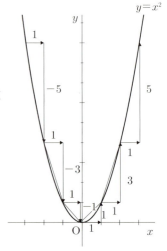

x	-3	-2	-1	0	1	2	3
y	9	4	1	0	1	4	9
y の増加量		-5	-3	-1	1	3	5

このように，関数 $y = x^2$ の変化の割合は，x のはじめの値 p と x の増加量 h の双方によって決まることになるので，どこでも一定というわけではないことを理解できるようにする。

第3学年「関数 $y = ax^2$ 」

問⑳ 関数 $y = x^2$ で，x の変域が $-2 \leqq x \leqq -1$ のときの変化の割合を求める指導について，どのようにすればよいですか。

〈解〉 ある区間での変化の割合は $\dfrac{y \text{の増加量}}{x \text{の増加量}}$ で表されることは第2学年で学習している。それにしたがって，$x = -2$ から $x = -1$ の変化の割合は，計算すると，図1のように表すことができ，

[図1]

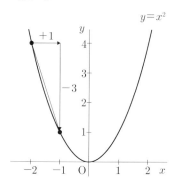

変化の割合 $= \dfrac{1-4}{-1-(-2)} = \dfrac{-3}{1} = -3$ となる。

このときに，符号の意味を考えるように指導する。増加量という言葉から正の数と考え，y の増加量を -3 ではなく3としてしまい，この問題の答えを3とする誤答が見られる。

そこで，関数 $y = ax^2$ の指導の際に，次のページの表1のように $x > 0$ や $x < 0$ では変化の割合がどうなるかを，一次関数 $y = ax + b$ の変化の割合と対比させながら，グラフを用いて理解できるようにする。すなわち，「増加する」，「減少する」という様子をグラフを用いて理解し，その変化の割合を表すことができるようにする。

[表1]

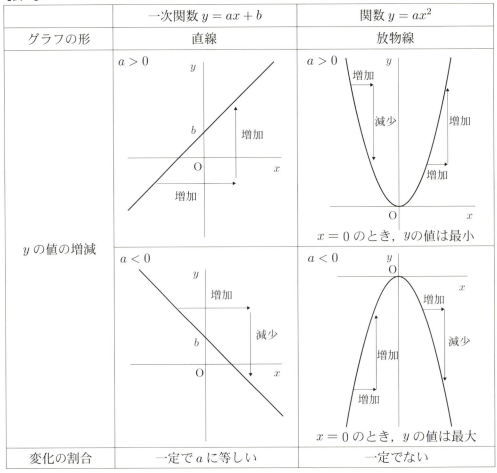

	一次関数 $y = ax + b$	関数 $y = ax^2$
グラフの形	直線	放物線
y の値の増減	$a > 0$（増加） $a < 0$（減少）	$a > 0$：$x = 0$ のとき，y の値は最小 $a < 0$：$x = 0$ のとき，y の値は最大
変化の割合	一定で a に等しい	一定でない

第3学年「関数 $y = ax^2$」

問㉑ 「関数 $y = ax^2$ の変化の割合をなぜ求める必要があるのですか」と問う生徒に，変化の割合を求めることの意味をどのように指導すればよいですか。

〈解〉　変化の割合は，$\dfrac{y \text{の増加量}}{x \text{の増加量}}$ であり，その値が一定の一次関数のみに使うのではなく，関数 $y = ax^2$ の場合でも扱う。その意味としては，関数の値の変化の様子を表すものである（「関数・統計」問㉚）ことを指導する。

一次関数の場合は，変化の割合は一定であったので，グラフの変化の様子が分かったが，例えば，$y = x^2$ は，表1のように変化の割合は一定でないことに気付くことができるようにする。

[表1]

x	-3	-2	-1	0	1	2	3
y	9	4	1	0	1	4	9
y の増加量	-5		-3	-1	1	3	5

つまり，変化の割合について，表に見られる値の変化はグラフ上の2点間の変化で

あり，グラフの全般的な変化の様子を表していないことを理解できるようにする。

第3学年「関数 $y = ax^2$ 」

> **問㉒** 放物線のグラフを指導するときに，留意するポイントを教えてください。

〈解〉 関数 $y = ax^2$ のグラフは，比例や一次関数のグラフ同様に表から点をかき込み，その概形をつかむことができるようにする。

その際に，たくさんの点をとることで，概形の様子を正しく把握できるようにする。特に，原点付近では x 座標の1目盛りを 0.1 にしたり，0.01 にしたり，また点と点の間の点（例えば x 座標が 0.1 と 0.2 の間では 0.15 の点）をとったりして細かく点を調

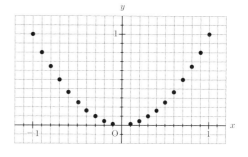

べていくことにより，なめらかな曲線に近い概形になることを実感できるようにする。

生徒がグラフをかくときには，グラフの特徴として次の点に気付くことができるようにする。

・y 軸について線対称である。

・原点に近いほど曲線の曲がり方が緩やかになる。

また，グラフをかいた後には，これまでのグラフ（比例，反比例，一次関数）との相違点等の話し合いを通して，放物線の特徴を明らかにできるようにする。

第3学年「関数 $y = ax^2$ 」

> **問㉓** 関数 $y = x^2$ で，x の変域が $-3 \leqq x \leqq 4$ のとき，y の変域をどのように指導したらよいですか。

〈解〉 グラフをかき，x の変域に対応する y の変域を確認できるようにする。図1のグラフ上で，$x = -3$ のとき，$y = 9$ となることを確認し，x の値を少しずつ右方向に動かしながら，y の値がどのように変化していくのか，実際に x の値に対応する y の値を確認しながら理解できるようにする。その際に，y の値が最大となる場合，最小となる場合をそれぞれ確認できるようにする。また，表1のように，$y = x^2$ の増減表をかき，y の変域について考えることができるようにすることも効果的である。

[図1]

[表1]

x	$x < 0$ のとき	0	$x > 0$ のとき
y	y は減少する	0	y は増加する

誤答の原因の多くはグラフをかかずに，$x = -3$ や $x = 4$ を代入し，それを基に対応する y の値は，それぞれ $y = 9$ や $y = 16$ となり，y の変域を安易に $9 \leqq y \leqq 16$ としてしまうことにある。これは，一次関数の変化の割合が一定であることから，x の変域の両端の値が y の変域の両端の値に対応していると，同様に考えてしまうのである。しかし，関数 $y = x^2$ では $x = 0$ を境目に y の値は減少から増加へと変化の仕方が変わるので，グラフを用いて考えることができるようにする。

第1学年「資料の活用」

問㉔ 「資料の整理」と「資料の活用」の違いは何ですか。また，「資料の活用」は，どのような点に留意して指導すればよいですか。

〈解〉　「資料の整理」から「資料の活用」とされたのは，これまでの中学校数学科における確率や統計の内容の指導が，資料を整理することに重きを置く傾向があったことを見直し，整理した結果を用いて考えたり，思考したり，判断したりすることの指導を重視することを明示するためであると考えられる。

　指導上の留意点として，例えば，ヒストグラムを作ったり確率を求めたりすることだけでなく，それらを基にして，資料の特徴やその傾向を数学的に考察することができるようにすることが大切である。

　その過程で，生徒が自分の予測や判断について，目的に応じて統計的な手法を選択し，用いることができるようにする。そのためには，それらをどのようなときに，何のために用いるとよいかを含めて考えることができるようにする必要がある。そして，それぞれの生徒の考えを基に伝え合う活動を行い，そのことを通して適切に判断することができるようにする。

第1学年「資料の活用」

問㉕ 「資料の活用」の中で $a \times 10^n$ という表記を用いますが，有効数字をどのように指導すればよいのですか。

〈解〉　$a \times 10^n$ という表記は，有効数字を明確にするための表現である。測定値の桁が大きくなったり，小数点以下の桁数が大きくなったりした場合，「$\times 10^n$」という表記の方が簡潔で分かりやすいからである。

　表し方として，近似値の一番高い位の有効数字を一の位において，$a \times 10^n$（n は整数）と表す。このとき，a は有効数字を表し，10^n はその近似値の大きさを表す。一番高い位の有効数字を一の位におくことに統一するのは，それによって a は必ず有効数字だけになり，10^n の n の値で近似値のだいたいの大きさが分かり，また，近似値どうしの計算にも便利だからである。

　有効数字をはっきりさせた表し方の例として，木星の直径の近似値 143000 km を

有効数字4けたの場合とすると，前から4つ目の0までが有効数字（１４３０００：下線が有効数字）であるので，1.430×10^5 km と表すことができる。

第1学年「資料の活用」

問26 位取りの「０」や有効数字の「０」などを区別する分かりやすい指導方法はないですか。

〈解〉　有効数字の指導上の留意点として，有効数字の意味を知らせ，有効数字の「０」と位取りの「０」を区別できるようにすることが大切である。

例えば，ある品物を最小の目盛りが10gであるはかりで測ったところ1740gであったとき，この真の値 a gは，$1735 \leqq a < 1745$ の範囲である。この場合，1740gの1，7，4は有効数字であり，最後の0は有効数字ではない。一の位の0は位取りを表す0である。そのため，1.74×10^3 と表す。同じはかりで測定値が，1000gのときは，上の位から3つの数字1，0，0は有効数字で，一の位の0は有効数字ではない。同様に，測定値が60gのときの有効数字は6だけである。また，これをkgを単位として0.06kgと表しても有効数字は変わらない。この場合，左から2つの0は位取りを表す0であり，有効数字ではないことに留意できるようにする。

第1学年「資料の活用」

問27 「資料の活用」において，資料の傾向をとらえ，説明する指導はどのように行えばよいですか。

〈解〉　「資料の活用」では，ヒストグラムを作ったり，確率を求めたりすることだけではなく，それらを基にして，事象を考察したり，その傾向を読み取ったりできるようにすることも大切にしなければならない。生徒が自分の予測や判断について根拠を明らかにして説明し，それぞれの説明を基にして伝え合う活動を通して，説明の質を高めることができるようにする。

そこで，次のような一連のプロセスを大切にする。

(1) 具体的な事象について，知りたいことや解決すべきことを明確化し，必要なデータを特定し，データ収集のための計画を明らかにする。

(2) 目的に応じたデータを様々な事象から収集する。

(3) データを処理し表現する。

(4) データを解釈し傾向をとらえ説明し合う。このとき何を根拠にして説明しているのかを明らかにできるようにする。また，友達のとらえた傾向や読み取った傾向との相違点等を話し合うようにする。

(5) 結果を評価する。統計的な手法の習得とともに，このようなプロセスを経験させることも大切であり，目的にあった分析と考察，判断ができる能力を育てる。

第1学年「資料の活用」

問㉘　平均値が，資料の真ん中の値と理解している生徒にどのように指導しますか。

〈解〉　「平均値は真ん中の値である」「平均値に近いデータが最も多い」という平均値の誤認を理解できるようにするため，正規分布をしているような場合と分布に偏りがあるような場合で平均値と中央値を比べる活動が必要である。次がその例である。

　［例］　A中学校とB中学校の生徒それぞれ20人の通学時間を分単位で調べた。

A中学校

6	24	27	18	29
23	10	25	20	16
13	21	20	15	32
22	23	15	37	34

B中学校

12	17	13	31	18
19	33	10	16	14
21	15	28	16	24
36	39	18	23	27

（数字の単位は分とする）

　A中学校の通学時間の平均値を求めると21.5分となる。次に，中央値を求めるため順に並べると，

6　10　13　15　15　16　18　20　20　<u>21</u>　<u>22</u>　23　23　24　25　27　29　32　34　37

　この10番目と11番目は21分と22分であるので，中央値は，$\dfrac{21+22}{2}=21.5$ 分となり，平均値と中央値が等しくなることに気付く。

　B中学校の通学時間の平均値を求めると21.5分となる。次に，中央値を求めるために順に並べると，

10　12　13　14　15　16　16　17　18　<u>18</u>　<u>19</u>　21　23　24　27　28　31　33　36　39

　この10番目と11番目は18分と19分であるので，中央値は，$\dfrac{18+19}{2}=18.5$ 分となり，平均値と中央値とが違うことに気付く。

　また，2つの中学校のデータの分布を次のページのようにヒストグラムにしてみる。A中学校は，ほぼ左右対称な山型になっており，平均値，中央値が等しい状態であることが分かる。それに対し，B中学校は，中央値が左に偏っている山型になっており，平均値と中央値に隔たりがあることが分かる。このような資料を示すことで，平均値と中央値の意味の違いをはっきり理解できるようにする。

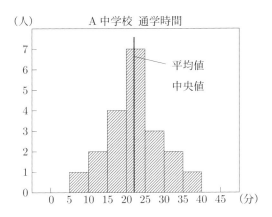

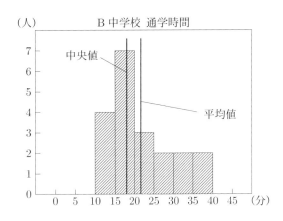

第1学年「資料の活用」

問㉙　ヒストグラムと棒グラフはどこが違うのですか。

〈解〉　ヒストグラムと棒グラフは似ているように見えるが，異なる点がいくつかある。

　　　ヒストグラムでは，横軸が数値軸なのに対し，棒グラフは横軸に質的な情報を並べることになる。また，ヒストグラムでは，横幅は階級の幅を表し，意味がある長方形で，その面積から資料の分布の様子をとらえるのに対し，棒グラフでは棒の高さだけから資料の傾向を読み取るようになっている。

第1学年「資料の活用」

問㉚　資料をまとめるとき，階級の幅の設定の仕方をどのように指導すればよいですか。

〈解〉　資料を整理したときに，目的に合わせてその資料の分布の仕方が分かりやすくなるように階級の幅をとることが必要である。

　　　ヒストグラムは時系列での変化ではなく，データ全体のばらつきを表している。そのばらつきを詳しく調べるためには，階級の幅をいろいろと簡単に変えられる統計ソフトを利用するとよい。

　　　ヒストグラムを作成したときに，なぜその階級の幅が適切なのか，資料を調べる目的に照らし合わせて，いくつかの別の階級の幅のヒストグラムを比較し，話し合う場面を設定することが大切となる。

　　　例えば，次のページの図1，図2，図3の3つのヒストグラムは，羽の長さが7cmの紙コプターを2mの高さから落下させ，落下し始めてから床につくまでの滞空時間を50回記録して作成したものである。その結果について，階級の幅がそれぞれ0.05秒，0.15秒，0.25秒としたものである。ヒストグラムを比較すると，階級の幅を大きすぎても，小さすぎてもデータの様子をきちんととらえることが難しいことが分かる。この場合は，図2の階級の幅0.15秒が適当と考えられる。階級の幅は，問題場面やデータによって，目的に応じて決めるように丁寧に指導する。

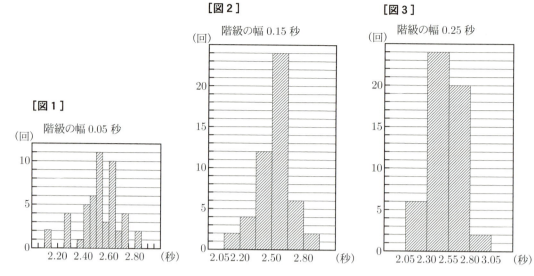

[図1]
階級の幅 0.05 秒
(回)
2.20 2.40 2.60 2.80 (秒)

[図2]
階級の幅 0.15 秒
(回)
2.05 2.20 2.50 2.80 (秒)

[図3]
階級の幅 0.25 秒
(回)
2.05 2.30 2.55 2.80 3.05 (秒)

第2学年「確率」

問㉛ 「1の目が出る確率が $\dfrac{1}{6}$ であるさいころ」において，確率の意味を理解できていない生徒にどのように指導するとよいですか。

〈解〉　確率の学習において，確率を求めることに重点が置かれることが多いが，確率の意味について理解できるようにすることも大切である。「1の目が出る確率が $\dfrac{1}{6}$ であるさいころ」において，確率の意味を理解できていない生徒は，「6回投げるとき，そのうち1回は必ず1の目が出る」，「6回投げるとき，1から6までの目が必ず1回ずつ出る」といった誤答をする場合が多い。

　　指導に当たっては，さいころを多数回投げる実験を通して，投げた全体の回数に対するある事象の回数（例えば，1の目が出る回数）の割合が，途中で揺れ動くことはあっても，投げる回数を増やしていくと，一定の値に近づいていくこと（大数の法則）を実感できるようにする。また，それぞれの目の出る回数の割合だけではなく，途中の目の出方にも着目して，ある目が続けて出たり，出にくかったりすることが起きることを確かめることが大切である。

　　さいころを多数回投げ，出る目の数を記録し，ある事象の回数の割合を100回ごとに調べることで，前述の誤答のようにならないこと，また，確率が日常的な事象では確定的なことを表す値ではないことを理解できるようにする。

第2学年「確率」

問㉜ 「経験的確率（統計的確率）」と「先験的確率（数学的確率）」の意味と中学校での確率指導のあり方はどうあればよいですか。

〈解〉　確率には，経験的確率（統計的確率）と先験的確率（数学的確率）があるが，中学生にその違いを明らかにして指導することは難しい。むしろ両者を一体として理解できるようにする。

　　普通，「さいころを投げたとき1の目が出る確率を $\frac{1}{6}$ とする」が，これは多数回さいころを投げて実験すれば1の目が出る相対度数が $\frac{1}{6}$ に近づくという事象を根拠としている。このように多数回の実験において，そのことが起こった相対度数の漸近値として定義される確率が経験的確率（統計的確率）である。これに対して，6つの結果はどれも同じ程度に期待されるから $\frac{1}{6}$ と定めるのが先験的確率（数学的確率）である。そして，この2つが一致することを保証しているのが大数の法則である。

　　指導に当たっては，経験的確率（統計的確率）と先験的確率（数学的確率）を区別せず，一致すると考えるように扱うとよい。詳細については，「関数・統計」問③を参照する。

第2学年「確率」

問③３　確率を求める問題で，積の公式を利用して解かせてもよいですか。

〈解〉　中学校の段階では適切ではない。

　　中学校における確率の指導では，同様に確からしい有限個の場合からできている事象（根元事象）についての確率を求めることが，かなりの部分を占めている。このとき，大切なことは，根元事象を明確にし，同様に確からしいものを確認するということである。

　　根元事象は，さいころをふったり，硬貨を投げたり，袋から玉を取り出したりする場合ははっきりしている。例えば，「赤玉2個，白玉3個が入った袋から玉を1個取り出し，またそれを袋に戻し，また玉を1個取り出すとき，2個とも赤である確率を求めよ」という場合，1回目に赤玉の出る確率 $\frac{2}{5}$ と，2回目に赤玉の出る確率 $\frac{2}{5}$ をかけて，$\frac{2}{5} \times \frac{2}{5} = \frac{4}{25}$ と求めるように指導はしない。

　　この場合のようなやや複雑な問題では，次のような樹形図や表などをかいて，場合の数を求めることができるようにする。

[樹形図]

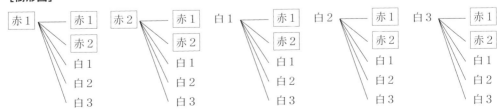

[表]	赤1	赤2	白1	白2	白3
赤1	○	○			
赤2	○	○			
白1					
白2					
白3					

第2学年「確率」

問㉞ 樹形図のかき方に順番はありますか。どのような手順で何に留意して指導すればよいですか。

〈解〉　起こり得るすべての場合を整理して順序よく考察したり，調べたりする場合，特定のものに着目したり，特定のものを固定したりして他を変化させるように調べると整然と調べ上げることができる。

　　例えば「①，②，③の3枚のカードを並べてできる3桁の整数は，全部で何通りできるか」という問題を考える場合，表1が百の位，十の位，一の位の数を整理して考えた表である。これは百の位の扱いに着目して，まず①を百の位に固定すると，次に十の位は②か③になる。そこで，②を固定すると，一の位は自然に③と決まる。このような手順で数の小さい順になるように，1つ1つ確認して調べたものである。

[表1]

百の位	十の位	一の位
1	2	3
1	3	2
2	1	3
2	3	1
3	1	2
3	2	1

　　この表1を直観的に分かりやすいように枝分かれにした図にかいて考えたものが図1の樹形図である。このようにすれば，簡潔に，またすべての場合を落ちなく重なりなく調べることができる。

　　また，この問題の場合，百の位の数を①に固定すると，十の位と一の位の数は2通りの数を考えることができる。百の位の数が②，③のときも同じように考えられるので，$2 \times 3 = 6$（通り）と筋道立てて計算でも考えられるようにする。

[図1]

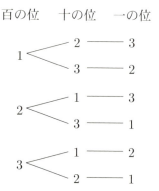

第2学年「確率」

問㉟ 2枚の硬貨を投げて表裏を調べる問題で，「どうして同じ（表裏），（裏表）を2つに分けて場合の数を数えるのか」という生徒にどのように指導すればよいですか。

〈解〉　2枚の同じ硬貨を投げる場面に対して，はじめは2枚の硬貨が見かけ上，区別でき

る場合の方が生徒にとって分かりやすいと考えられる。

　例えば，10円硬貨と100円硬貨であれば，「1枚が表で1枚が裏」ではなく，どちらが表でどちらが裏かを別々の事象として挙げなければならないことが分かりやすいからである。そこで，「同じ10円硬貨でもよく見ると製造年が異なるから区別できるが，区別しないときと確率が異なるか」というように考えさせ，同様に確からしい事柄として挙げるときは，2つの硬貨を区別しなければならないことに気付くようにしていくのも1つの方法である。そして，2枚の硬貨をA，Bとして区別し，2枚の硬貨を同時に投げる場合の数がいくつになるのか樹形図を使って明らかにできるようにする。

硬貨A　　　硬貨B

　右の図のように表を〇，裏を×とすると，全体の場合の数が4通りであることが分かり，（表裏）と（裏表）を区別しなければならないことを理解することができる。

第3学年「標本調査」

問36 標本調査では，無作為に標本を抽出することが大切と言われますが，そのことの理解を図るために，どのような指導が効果的ですか。

〈解〉　実際に標本調査を行う場を設定する。その際に，無作為抽出の大切さを感じることができるように，次の3つの場合の傾向を比較する場を設定する。

① 「全数調査」と「無作為抽出による標本調査」との比較

② 「作為抽出による標本調査」と「無作為抽出による標本調査」との比較

③ 「無作為抽出による標本調査」どうしの比較

　具体的な調査内容として，例えば，ある中学校の全男子生徒405人の平均身長を調べることを挙げる。

　まず，①について，「全数調査」としては，全男子生徒405人の身体検査の記録を基にすべて集計し平均を求める。「無作為抽出による標本調査」としては，全男子生徒数が405人であるので，通し番号（学年・学級順で名簿順）に並べ，001から405の番号を付け，乱数さいやコンピュータなどを利用して，001から405までの乱数から20名無作為に抽出する。そして，抽出したそれぞれの番号の身長の平均を求め，それから全男子生徒の平均身長と比較する。その結果，「全数調査」の平均と比べると数値が近くなることに気付くことができる。

　次に，②について，第1学年男子生徒の最初の20名（学年・学級順で名簿順）を抽出する「作為抽出による標本調査」と，前述のような「無作為抽出による標本調査」をする場合で平均を比べると，「作為抽出による標本調査」は，第1学年ばかりになるので，当然平均身長が低くなり，数値が異なってくることに気付くことができる。

　③について，「無作為に抽出する標本調査」を2通りの方法で行い，その平均を比

べると，数値が近くなることに気付くことができる。

　以上のように，①で全数調査と無作為抽出による標本調査の平均の数値が近くなること，②で作為抽出による標本調査と無作為抽出による標本調査の数値が異なってくること，③で無作為抽出による標本調査どうしは平均の数値が近くなることから，無作為抽出による標本調査が有効であることを理解することができる。

「共通」の問題

数学科の授業の目指すもの

> **問①** 数学科の授業で育てたいものは何ですか。また，小学校算数科と中学校数学科との学習内容の主な違いは何ですか。

〈**解**〉　中学校数学科の授業では，生徒の数学にかかわる様々な活動を通して，数学的な能力や態度を伸長させることを目指し，現在に至るまで継続的に実践されてきている。その目指すものの具体においては次のように考えている。

(1)　数量・空間に関する基礎的・基本的な知識や技能を身に付け，それを後の学習や活動に生かすことができるようにする。

(2)　見通しをもち，筋道を立てて考え，ものごとを合理的に判断し，処理することができるようにする。

(3)　数学的な原理・法則等を理解し，それを基に主体的に考え，創造的・発展的に追究しようとする能力や態度を育てる。

　(1)は，生徒が学び，身に付けていく様々な学習内容の基礎・基本となるものを意味し，数学を含め多くの内容を指している。生徒が，今後，社会人として生きていくためには，いろいろな知識や技能を身に付けなければならない。その生涯にわたって学び続けていくものの１つを，数量・空間に関する数学が担うということである。また，知識や技能を身に付けることができるようにするには，完成された数学的な内容を与えるのではなく，生徒が，観察，操作，実験などの数学的活動を重視した学習活動を通して学ぶことができるようにする。

　(2)は，生徒がいろいろな自然現象や社会現象を数理的にとらえ，出会った問題を合理的な方法でよりよく処理していくことができるようにすることである。また，その過程で，ものの見方や考え方を育てるということである。数量の関係，空間や図形について，様々な見方や考え方を大切にすることは，知識や技能を活用する力を育て，問題解決力の伸長を図ることにつながる。なお，見通しをもち筋道を立てて考えるということは，演繹的な推論だけではなく，帰納や類推など様々な考え方を基にして活動することである。

　(3)は，生徒が社会の変化の激しい時代に主体的に対応していけるような能力と態度を育てることである。ここでは，生徒がものごとの価値を自ら判断し意思決定することが大切となる。そして，生徒が社会に出た後に遭遇する多くの問題を自力で考えて

いこうとする意欲や，学んだことのない新しい事柄にも粘り強く取り組んでいこうとする態度を育てることである。そのために，学習内容を生徒がまわりの環境に応じて発見的に学び取る工夫をし，様々な見方や考え方を含んだ問題などを用意するなどして，創造的・発展的な力を育てるようにする。

次に，小学校と中学校の学習内容について，中学校では小学校の既習内容を拡張することを通して学び直し，新しい内容のよさを感得できるようにする。特に顕著な学習内容の違いは，「文字の使用」と「論証」が考えられる。

「文字の使用」については，未知数や変数が入る受け皿としての文字から演算対象としての文字へと拡張される。また，その文字を使ってものごとを説明することが求められる。「論証」では，例えば，小学校で学んだ三角形の決定条件や平行線，三角形の内角の和などの性質を改めて証明をする際の準備として学び直し，仮定と結論を明確にし，前提を用いて事柄が正しいことを証明できるようにすることが求められる。小学校でも限定的に演繹的な説明は学んでいるが，中学校ではそれを明らかにし，一般性をもつ事柄が正しいことを証明する演繹的な説明のよさを感得できるようにすることがねらいとなる。

記述式にする内容

問② 記述式の問題がなかなかできないとよく言われます。記述式の問題は，多様にあると思われますが，中学校数学科においてどのようなものを求めたらよいですか。

〈解〉 全国学力・学習状況調査の『中学校数学科解説資料』には，記述式の問題の様式として次の3つが記されているので，これを基にして述べる。

(1) 見いだした事柄や事実を説明する問題

(2) 事柄を調べる方法や手順を説明する問題

(3) 事柄が成り立つ理由を説明する問題

(1)について，数学科の学習指導では，数量や図形などの考察対象や問題場面について，成り立つ数学的な事実を見いだし，その見いだした事柄を証明したり，その反例を挙げたりすることによって検証する活動が行われる。この活動の中では，見いだした事柄を的確にとらえ直し，数学的に正しく表現することが大切である。

一般に，ある事柄を数学的に説明する場合，前提あるいは根拠となる事実と，それによって説明される結論の両方を含む命題の形で記述することが求められる。したがって，(1)では，前提あるいは根拠となる事実（主部）の指摘と，その事実によって説明される結論（述部）の両方が求められることになる。その内容としては，数や図形の性質・特徴や問題場面における要素間の関係などが考えられる。

(2)については，数学科の学習指導で，問題を解決する方法や手順を的確に説明できるようにすることが大切である。また，数学を活用することについて，様々な課題解

決のための構想を立て実践し評価・改善する力が必要不可欠である。そのことから，事象を数学的に解釈する場面でのアプローチの仕方や手順の説明が求められる。

　一般に，事柄を調べる方法や手順を説明する場合，問題にアプローチする方法を考える上で，何を用いるのか（例えば，表，グラフ，式など），さらにそれをどう用いるのか（例えば，〜と…の関係式にある値を代入して求めるなど）の2つの事項の論述「○○を用いて，△△をする。」の形式が求められる。

　なお，方法の説明が的確に行われる一方で，それを具体的に適用する過程で式とその計算や表，グラフでの解答に数値等の誤りがある場合も想定されるので，そのような正誤にはよらず，まずは方法の説明がなされているかどうかに焦点を当てて評価することが大切である。

　(3)では，ある事柄が成り立つ根拠を説明できるようにすることが大切である。筋道を立てて考えたり，振り返って考えたりすることができるかどうかが求められる。ある事柄が成り立つ理由の説明を求めることは，説明対象となる事柄の根拠を示すこと，その根拠に基づいて事柄が成り立つことを説明することの両方が求められる。すなわち，「○○であるから，△△である。」の形で表現される前半部分と後半部分の両方の論述が解答として求められる。

　また，(3)においては説明すべき事柄を明示し，その根拠を求めたり，複数の選択肢から1つを選択させてからその選択の理由を問い，生徒の判断と根拠の説明を求めたりすることも考えられる。

発展的に考える学習

問③ 数学において，発展的に考え，予想した事柄を説明することが問われますが，具体的にどのようなことをすればよいですか。

〈解〉　数や図形についての性質を発展的に見つける際に，具体的なものから帰納的に考える場合やある性質を基に条件を変えて考える場合などがある。

　例えば，「連続する3つの整数の和は，真ん中の整数の3倍になる」という問題では，前提にある「3つ」を「5つ」に変えたり，「整数」を「偶数」に変えたりしたとき，どのような結論になるか予想し，それを説明する場を設定する。

　このように，前提と結論を明確にした上で，「連続する5つの偶数の和は，真ん中の偶数の5倍になる」ことを説明できるようにする。

　さらに，これが正しいかどうかを次のように，文字式で説明できるように指導する。

　最小の偶数を $2n$ とすると，他は $2n+2$，$2n+4$，$2n+6$，$2n+8$ となるから，

$$2n+(2n+2)+(2n+4)+(2n+6)+(2n+8)=10n+20$$

と式変形できるようにする。ここで，中央の偶数は $2n+4$ を確認することで，

$$10n+20=5(2n+4) とする理由を明らかにできる。$$

また，条件を変えて考察の範囲を広げ，どうなるのか予想するなど，発展的に考えるための視点を示し，生徒が新たな性質を発見できるようにすることも大切である。

　図形の例としては，「線分AB上に点Pをとる。AP，PBを一辺とする正三角形を作るとき，AR＝QBである」という命題で，「正三角形」を「正方形」に条件を変えて，「線分AB上に点Pをとる。AP，PBを一辺とする正方形を作るとき，AR＝QBである」という命題を考察することができる。

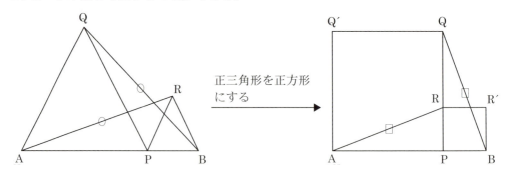

正三角形を正方形にする

図形の論証

問④　図形の論証の指導は，論理的思考力の育成として強調されますが，どのようなことに留意して指導するとよいですか。

〈解〉　図形の論証指導について，次の5つの留意点を基に論理的思考力を育成することができるようにする。

(1)　平行線と面，三角形の内角，多角形の内角と外角，三角形の合同，三角形の合同条件に関する内容は，推論の根拠となる基本的な性質であるので，これらの性質の発見や関連性を考えることができるようにするとともに，その知識をまとめることができるようにする。

(2)　実験や実測によって知らせるのではなく，正しいと分かっているある事柄を基に，言葉で説明し，その形式にこだわるのではなく，根拠立てて推論を進めることができるようにする。なお，「証明する」という用語について，推論によって事実として成り立たせることであることを理解できるようにする。

(3)　証明という用語の意味の指導よりも，根拠立てて推論する活動に慣れさせることが大切である。平行線や多角形の内角に関する内容は，実験，実測でなくても求められることを実感できるようにする。

(4)　証明という用語を指導し，その用語を使用して推論の仕方に慣れさせた後で，仮定と結論の用語を用いて，証明の構造を理解できるようにする。また，これまでの学習内容を証明の根拠となる事柄としてまとめられるようにする。

(5)　証明できることと，証明の記述ができることを整理して考える。生徒にとって形式にしたがった証明の記述は，かなりの抵抗があるので，実質的な証明は指導する

が，形式的な証明の記述は急がないようにする。中学校３年生まで見通して指導を考える必要がある。

数学的活動

| 問⑤　数学的活動とその指導について，留意することは何ですか。

〈解〉　数学的活動は，文部科学省『中学校学習指導要領解説　数学編』で「生徒が目的意識をもって主体的に取り組む数学にかかわりのある様々な営み」とされている。特に生徒が「主体的に取り組む」ことを重要視する。つまり，自分から新たな性質や考え方を見つけ出そうとしたり，具体的な課題を解決しようとしたりすることができるようにする必要がある。

　その具体的な活動は，第１学年と第２，３学年の２つに分けて示されている。

(1)　数や図形の性質などを見いだす活動

　・第１学年　　　既習の数学を基にして，数や図形の性質などを見いだす活動
　・第２，３学年　既習の数学を基にして，数や図形の性質などを見いだし，発展させる活動

(2)　数学を利用する活動

　・第１学年　　　日常生活で，数学を利用する活動
　・第２，３学年　日常生活や社会で，数学を利用する活動

(3)　数学的に説明し伝え合う活動

　・第１学年　　　数学的な表現を用いて，自分なりに説明し伝え合う活動
　・第２，３学年　数学的な表現を用いて，根拠を明らかにし筋道立てて説明し伝え合う活動

　指導に当たっては，まず，数学的活動を楽しみ，数学を学習することの意義や必要性を実感できるようにすることである。生徒が数学的活動に楽しみを見いだし，主体的に取り組むことができるよう意図的に指導することが大切である。教師が教えるという姿勢から，生徒の様子をつぶさにとらえ，認め，励ます姿勢が大切になる。

　次に，見通しをもって数学的活動に取り組み，振り返ることができるようにすることである。生徒に次に何をしたらよいか考えることができる場面を意図的に指導する。例えば，よりよい解決方法はないか，結論からどのようなことが得られるかなどを振り返ることも意識できるようにする。

　さらに，数学的活動を共有できるようにすることである。自分の考えだけではなく，他人の考えを聞くことができ，そのことによって新たな視点で考えることができるようにする。また，自分が取り組んできたことを他の人に説明することによって，曖昧であったことがはっきりしたり，自分の考えを再整理することにつながったりして，自分の考えを深化できる。

表現力の育成

〈解〉　中学校の数学において「表現すること」とは，思考・判断した過程や結果について，言語活動等を通じて生徒が意図的に表すことであり，具体的には，次のような活動と考えられる。

・事象を数理的に考察する過程で，推測したり見いだしたりした数や図形の性質などを的確に表す。

・数や図形の性質などについて根拠を明らかにして筋道立てて説明する。

・既習の数学を活用する手順を順序よく的確に説明する。

　また，「表現すること」により，論理的に考えることが深められたり，新たな事柄に気付いたりすることができるようになる。さらに，考えたり判断したりしたことを振り返って確かめることも容易になる。

　そこで，授業では，次のことが重要であるので留意して展開する。

・様々な考えを出し合う場面を重視する。

・目的に応じた具体物を用いる。

・式から思考過程を読み取る。

・自分の考えた方法をより的確にするために言葉や数，式，図等を用いて説明する活動を取り入れる。

数学のよさ

〈解〉　「数学のよさ」について，文部科学省『中学校学習指導要領解説　数学編』には，次のような内容が挙げられている。

・数学的な表現や処理のよさ

・数量や図形などに関する基礎的な概念や原理・法則のよさ

・数学的な見方や考え方のよさ

・数学が生活に役立っているよさ

・数学が科学技術を支え相互にかかわって発展してきていることなどのよさ　など。

　これらのことについて数学的活動を通して，生徒が実感できるようにすることが大切である。学習指導要領では数学的活動を，次のように３つに類型化している。そして，それぞれの活動によさを実感する活動を見いだすようにすることが大切である。

　まず，数や図形の性質などを見いだす活動では，概念，性質，定理など数学的な事実，アルゴリズムや手続きなど，さまざまな事柄が見いだされる。その支えとして既習の数学が重要な働きをするので，既習の数学のよさを再認識する機会にもなる。

　次に，数学を利用する活動では，日常生活におけるできごとを自ら数学と結びつけて考察したり処理したりして，数学を利用することの意義を実感できるようにすることが大切である。また，そのような活動を通して，既習の知識や技能，数学的な見方・考え方等のよさを実感できる機会が生まれる。

　さらに，数学的に説明し伝え合う活動では，考えたことや工夫したことなどを数学的な表現を用いて伝え合う機会を設け，数学的に表現することのよさを実感できるようにすることも大切である。

　このように，数学のよさを実感できるようにするためには，数学を生かして使うことが必要である。単に数学を知り，与えられた問題が解ければよしとするのではない。自ら進んで課題を見つけ，それを解決する数学的活動に主体的に取り組む機会を設け，その過程で数学を活用できるようにすることが必要である。それとともに，活用しようとする意欲や態度を育てることもねらいとしていることに留意する必要がある。

数学を活用すること

問⑧　数学を活用することとは具体的にどのようなことをすることですか。また，どのように指導をすればよいですか。

〈解〉　数学を活用することについて，文部科学省『中学校学習指導要領解説　数学編』では，数量や図形などに関する基本的な原理・法則，数学的な表現や処理の仕方，事象を数理的に考察し表現する能力を活用することと述べている。

　数学を適切に活用するためには，立式をしたり論理的な構想をしたりする方法を身に付けることが大切である。また，数学を活用して考えたり判断したりするために，その必要性や有用性についても理解する必要がある。体験を通して主体的に学習に取り組む姿を目指し，数学を活用して考えたり判断したりすることに主体的に取り組む意欲を高めることに配慮し，活用することの必要性と有用性について実感を伴って理解できるようにする。

　数学には系統性があり，学習の中で既習事項を活用しながら新たな数学の学習を進めることができる。例えば，二元一次連立方程式の解法を導くときに一元一次方程式の考え方を使うなど，これまでの学習を振り返り，活用していることに気付かせることができる。また，日常生活に数学が活用できることを実感させるために，生活の中の事象を数学に置き換えて，問題を解決していく場面を設定することが大切である。例えば，電車のダイヤグラムなど，生活の中に生かされている数学を見つける活動などを取り入れることもよい。

数学的モデル化

問⑨ 数学の指導において，「数学的モデル化」が大切と言われますが，それはどのようなことで，指導上留意することは何ですか。

〈解〉　数学的モデル化とは，一般に日常事象での場面の問題を対象として，数学を使って解決する活動のことであり，この活動の中には，理想化や単純化，一般化など様々な数学的な見方や考え方が含まれている。

　　日常的な事象についての問題があったとき，日常の言葉で表現されたものを数学の言葉（式等）で表現すると，数学的，形式的な処理が可能になり，結果が導かれ，その結果を日常に照らして考察し，解釈し直して，問題の解決ができるということになる。このような一連の過程は，次のように表すことができる。

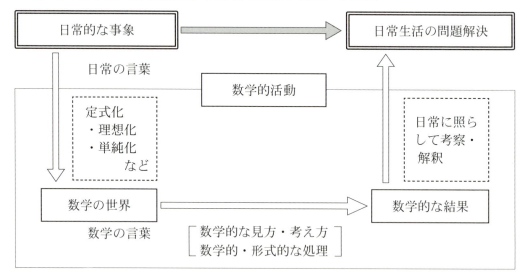

　　この過程の「日常の言葉」を「数学の言葉」で表現するということは，「数学の舞台にのせる」という定式化を行うことになる。ここでの「数学の言葉で表現されたもの」は「数学的モデル」となる。ここでは「～とみなす」というような理想化，単純化などの数学的な見方・考え方が必要となる。

　　例えば，数量の問題を日常の言葉で表現されているものが「文章題」で，それを数学の言葉として「方程式」に表せば，それが数学的モデルになる。また，20℃の水から毎分5℃ずつ温まる風呂の場合，x 分後の温度を y ℃とすると，「$y = 5x + 20$」と表されるが，それが風呂の数学的モデルと言える。確率について言えば，さいころは，どの目の出る確率も $\frac{1}{6}$ であるように作ろうとしたものであるので，どの目の出ることも同様に確からしいとすることが，さいころを数学的モデルとすることになる。

　　数学的モデルができると，数学的，形式的処理ができ，数学的結果を得る。その後，日常に照らし合わせて考察，解釈することにより，日常生活の問題解決につながる。

　ここで大切なことは，数学的モデルをつくることにある。数学的モデルができると数学的処理はでき，この数学的処理はコンピュータでもできる。しかし，事象を数学的に表現すること，数学的モデルをつくることは明らかに人間でしかできない仕事であり，数学的モデルをつくることができるようにする指導の重要性が分かる。

数学における言語活動

問⑩　数学における言語活動とは何ですか。また，どのような指導が必要ですか。

〈解〉　数学科における言語活動とは，数学の言葉や数，式，図，表，グラフなどの数学的な表現を用いて論理的に考察し表現したり，その過程を振り返って考えを深めたりする学習活動のことをいう。指導をするときには，次の点に留意する。

　具体的な事象について，表やグラフ，式などを使って表現し，適切に処理することができるようにする。そのとき，表やグラフ，式が表していることや，その相互の関係，それぞれのよさについて話し合うことで，推論を進めることができるようにする。そして，よりよいものを見つけていく中で，数学的に表現したり，それを解釈したりすることのよさを実感できるようにする。

　なお，言葉による表現にとどまらず，いろいろな数学的な表現を用いることができる問題を取り上げ，意見交流をする場をつくることが大切である。例えば，立式をして具体的な数値を求めることができる問題でも，表をかくことで規則性に気付いたり，グラフをつくってみることから変化の様子を視覚的にとらえたりすることができるようにする。

反例

問⑪　事柄が成り立たないことを，反例を挙げて示すことができるようにするには，どのようにしたらよいですか。

〈解〉　「事柄が成り立つ」ということは，「例外なく，その事柄のすべての場合で成り立つ」ということである。そのため，事柄が成り立たないことを説明するには，反例を1つ挙げればよいことを理解できるようにする。

　成り立たない例があるかどうか複数の例から考えさせたり，それぞれの場合に応じた説明の仕方を考えさせたりする場面を設定して判断できるようにする。成り立たない例が1つでもあればそれを根拠として説明できるようにする。

　例えば「2つの偶数の積は，8の倍数になる」という事柄が成り立つかどうかを調べて判断する場面を設定する。具体的な事例をいくつか調べる中から「$2 \times 6 = 12$」，「$6 \times 10 = 60$」のような反例を1つ取り上げることで，事柄が成り立たないことを判断できるようにする。その際，数学では例外なく成り立つことを「成り立つ」といい，これに対して成り立たない例が1つでもある場合は「成り立たない」ということを確

認し，その理由を，反例を１つ挙げることで説明できるように指導することが大切である。

記号や式で表現するよさ

問⑫　記号や式で表現することのよさはどのようなものが挙げられますか。

〈解〉　小学校でも，数量を表す言葉や□，△などの代わりに，a，x 等の文字を用いているが，文字を用いた式は中学校で初めて学ぶと考えた方がよい。数学的表現として記号を得たことによって数学は飛躍するが，生徒にとっても認識上の大きな飛躍が必要である。そのため，理解については困難な点も多い。そこで，記号と式について，意義や特質を踏まえた上での指導が必要である。

　まず，記号や式で表現する特質として，簡潔性，明確性を挙げることができる。例えば，二次方程式 $ax^2 + bx + c = 0$ の解の公式 $x = \dfrac{-b \pm \sqrt{b^2 - 4ac}}{2a}$ の内容を，文章で表現するのと比べれば言うまでもないことである。仮に文章でうまく表現ができても，それを利用するために記憶しておくことは大変なことである。その点，文字で表せば，簡潔，明瞭に表現できる。

　次に，一般性，抽象性も挙げることができる。前述の二次方程式 $ax^2 + bx + c = 0$ の解法の例において，文字で表して１つ考えれば，その一般性からすべての二次方程式が論じ尽くされることになり，解法に関する限り，解の公式１つを記憶しておけば，どんな二次方程式もすべて解けることになる。これは言うまでもなく，文字のもつ抽象性によるものである。また，方程式の利用など，問題との関連においては，具体的なものとかかわりをもっているものであるが，処理についても，具体的な関連を思い出すことなく，形式的な処理をすればよいことを理解できる。

机間指導

問⑬　机間指導では，どのようなことをしたらよいですか。

〈解〉　授業において，生徒が自力解決を始めたら，机間指導を行う。机間指導は，「つまずいている生徒はいないか」，「全体で取り上げる数学的に優れた考えはないか」，「どの考えを取り上げて比較検討させようか」などという目的をもって行う。その中で，課題解決ができていない生徒に対して，適切な個別指導を行うことは大切なことである。

　まずは，教室を一回りして，全体の様子を把握して，必要に応じて個別指導に当たるようにする。しかし，生徒の実態を把握していれば，始めから意図的，計画的に指導に当たることができる。

　机間指導は，どの生徒がどのような考えをしているか把握し，その後の授業をどの

ように展開するかを考える場でもある。例えば，対立的，共感的なかかわり合いをどう生み出すか生徒の実際の様子に基づいて，教師が授業展開を考える時間帯でもある。

また，「よい気付きだ」，「友達に紹介したい考えだ」など，気付きや考えを認めることで，個別の評価や称賛をする時間としても有効に使うことができる。

発問

問⑭ 発問が大切とよく言われます。特に生徒の考えの比較・検討をするとき，どのような発問をすればよいのですか。

〈解〉　発問は，教師がどのような意図で，具体的にどのような言葉で，生徒の活動を方向付けるかが大切である。特に生徒の考えの比較検討の段階における発問や，その後の核心に迫るための発問は重要である。

指導に当たっては，教師が話し合いの視点を明確にし，生徒と共有化できるようにすることが大切となる。例えば，次のような教師の役割が考えられる。

(1) 生徒の発言や考えを，他の生徒に伝える機会をつくり理解を促す。

(2) 話し合いの視点を明確にする。

・「似ているところは？」（共通点）

・「違うところは？」（相違点）

・「はやくできるのは？」（効率化）

・「正確なのは？」（確実性）

(3) 生徒の考えの分類，整理，関連付け，価値付けを行う。

(4) 必要に応じて，生徒の考えを問い直したり，誤答を取り上げたりする。

(5) 明らかになった内容を明確にする。

また，まとめは，分かったことやできるようになったことを，できる限り生徒なりの表現でできるようにする。生徒の言葉の方が，教師がまとめるより，伝わりやすいことが多い。そのため，生徒の言葉が引き出されるような発問を心がけて行うようにする。このような取り組みにより，生徒の表現力も育てることができる。

多様な考え方のまとめ方

問⑮ いろいろな考え方をどのようにまとめればよいですか。

〈解〉　教師が，生徒の考えをまとめることは大切であるが，生徒が自分たちの考えから気付いたことを基にまとめるような授業展開ができるようにすることが求められる。そこで，教師の役割として，次のようなことが挙げられる。

(1) 生徒が互いの考えを対話を通して共有し，理解を深められるようにする。

(2) 比較・検討の視点を明確にできるようにする。

(3) 考えの分類，整理，関連付け，価値付けなどを行う。

共通

(4) 必要に応じて助言をしたり，考えの足りなさに気付かせたりする。

(5) 明らかになった内容を明確にする。

　全体の場のまとめについては，生徒が表現できるようにするとよいが，特に多様な考え方を吟味することが必要になる。例えば，統合できそうな場合には，生徒がかかわり合いながらまとめていく中で，1つ1つの考えを理解し合った後に，分類したり，共通性を見いだしたり，または新しい観点を導入して，検討することが必要となる。その検討では簡潔さや発展性の視点で，それぞれの考えのよさや足りなさを指摘し合ったり，互いの考えの関連性に着目したりすることができるようにする。

数学的な推論

問⑯　数学的な推論（帰納・類推・演繹）を身に付けさせるにはどのように指導したらよいですか。

〈解〉　数や図形の性質などを見いだしたり，数学を利用したり，数学的に説明し伝え合ったりする際に数学的な推論が重要な働きをする。
主なものとして帰納，類推，演繹がある。

(1) 帰納

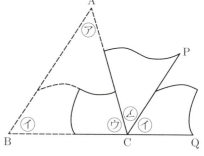

　特別な場合についての観察，操作や実験などの活動に基づいて，それらを含んだより一般的な結果を導き出す推論。例えば，三角形の内角の和を，実際に測ってみたり，合わせてみたりすることで180°を導き出すときに用いる。ただし，導かれた事柄は必ずしも正しいとは限らない。

(2) 類推

　似たような条件のもとでは，似たような結果が成り立つであろうと考えて，新しい命題を予想する推論。例えば，1つの三角形の内角の和が180°と分かれば，他の三角形の内角の和も180°であると予想できる。これらは，数や図形の性質などを見いだすための大切な推論であるが，導かれた事柄は必ずしも正しいとは限らない。

(3) 演繹

　前提となる命題から論理の規則にしたがって必然的な結論を導き出す推論。三角形の内角の和が180°を説明する上では，右の図で，△ABCの辺BCを延長した直線上の点をDとし，また，点Cを通り辺BAに平行な直線CEをひくと，

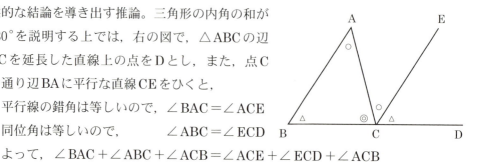

　　平行線の錯角は等しいので，　∠BAC＝∠ACE
　　同位角は等しいので，　　　　∠ABC＝∠ECD
　　よって，　∠BAC＋∠ABC＋∠ACB＝∠ACE＋∠ECD＋∠ACB

　3点B，C，Dは一直線上にあるので，∠BCD＝180°となり，三角形の３つの内角の和は180°であるといえる。

　このように，いつでも正しいかどうかは，演繹により確かめられる。しかし，演繹ができればよいというわけではなく，目的に応じて適切に選んで用いられるべきである。評価についても，帰納，類推，演繹のそれぞれで行うべきである。

ＩＣＴの活用

問⑰　ＩＣＴを活用する利点には何がありますか。また，活用するときの留意点には何がありますか。

〈**解**〉　ＩＣＴ(情報通信技術)を活用する利点として，次のような点が挙げられる。

⑴　生徒の学習に対する興味・関心を高めることができる。

　ＩＣＴは，生徒が学習内容やその対象を，進んで調べていこうとする興味や関心を高めるために活用できる。教科書の挿絵を見るのではなく，大きく映した画像をクラス全員で共有することができる。

⑵　生徒一人一人が課題を明確につかむことができる。

　問題文や図，表などを拡大提示することで，言葉だけで伝える以上に，生徒一人一人が学習する課題を明確に把握することができる。

⑶　生徒の思考や理解を深めたり，分かりやすく説明したりすることができる。

　操作手順やグラフの読み取り，図形などの指導では，映像やグラフ，図形などの拡大提示，シミュレーションソフト等を活用することで，分かりやすく説明することができる。さらに，意見をまとめた生徒のノートを拡大提示しながら話し合ったりすることで，思考や理解を深めることにつながる。

⑷　学習内容をまとめる中で，生徒の知識の定着を図ることができる。

　ＩＣＴは，知識の定着のために生徒が繰り返し学習をしたり，教師が生徒一人一人の定着の度合いを把握したりするために活用できる。また，生徒が個々にドリル等に取り組むためのソフトウエアを活用すると，一人一人の達成度や正答率等を把握することができ，学習指導を充実させることができる。

　以上のように，ＩＣＴを活用する利点はいくつかあるが，コンピュータや実物投影機等の映像をプロジェクタ等で大きく映すだけで学力が向上するわけではない。映像を見せることだけに終わらず，指導のねらいや生徒の学習状況に応じた題材や素材を十分に吟味した上でＩＣＴの機器を選ぶようにする。また，タイミングよく教師が指示や説明をしたり，指し示しながら発問したりすることで，ＩＣＴ活用による効果が期待できる。

　さらに，より高い教育効果に結びつけるためには，これまでの授業との融合も重要となる。つまり，ＩＣＴによる情報の提示は，そのまま板書の代わりにするのではな

共通

く，これまでの板書やノート指導とともに行っていくことが大切である。

　また，タブレット端末については，タッチパネルで簡単に図形を拡大したり動かしたりすることができるアプリがあるので，これを活用することで，図形の性質を視覚的に理解していくことができる。このような様々なＩＣＴの特性を理解し，学習のどの場面で活用すれば効果的であるかを考え，授業に取り入れていく必要がある。

問題解決の授業

問⑱　問題解決の授業は，何をどのように行えばよいのですか。

〈解〉　数学における問題解決学習は，「問題解決」，「問題づくり」に分けられる。

　「問題解決」とは，与えられた１つの問題に対し，その解き方をいかにして見つけるのか，また，１つの問題をいろいろな解き方で解き，それらの解法を比較・検討する学習である。また，実生活における問題を取り上げ，それを解決するために，その問題を数学化し数学的モデルをつくって解決する学習も含まれる。

　問題解決の方略としてポリア『いかにして問題を解くか』の中に次のように挙げられている。

(1)　問題を理解すること　　　(2)　計画を立てること

(3)　計画を実行すること　　　(4)　振り返ってみること

　これは，問題解決の段階とみることができるが，この４つを一通り行うことで問題が解決できるとは限らない。問題を理解したつもりで計画を立てても，それを実行できないために，もう一度計画の立て直しをすることもある。また，計画を実行して解答が得られても，それを振り返ってみたとき，より手際のよい解法が見つかることもある。

　また，問題解決の場面では，個人によるものと多様な考えをする生徒によるものの両者が重要である。この２面で，「試行錯誤をしながら，自らの力で論理的に考え，判断する力」や「自分の考えや思いを的確に表現する力」など思考力・判断力・表現力が育まれるように指導を工夫する必要がある。

　前者においては，個人で問題を解決するために，資料を整理したり，観察したり，操作したり，実験したりする数学的活動を行う。また，後者においては，自分の考えを説明し，他人の考えとかかわり合いながら，数学的な表現を用いて，根拠を明らかにして筋道立てて説明し伝え合うことが必要になる。つまり，主体的・協同的で，数学の学習内容の核心に迫る活動が求められる。

　次に，「問題づくり」とは，与えられた１つの問題を解決し終えた後，問題文の仮定を変更したり，仮定と結論を入れ替えたりして新しい問題を生徒自身が作り，解決する学習である。また，条件不足の問題を与え，答えが１つに決まらないことに気付かせ，問題文にどのような条件を与えれば答えが一意になるかを考えさせる中で，生

徒がいろいろな問題を作り，問題を解決する学習も含まれる。

〈注〉　ポリア『いかにして問題をとくか』は「How to solve it」であって，本来は常に問題を解くことにねらいがあったのでなく，itで示されるような問題場面があり，その問題場面を解決するためにどう努力をするか，またその後，何をすべきかを論じたものと読み解く必要がある。

興味・関心の評価

> **問⑲**　興味・関心の評価は，日ごろの授業でどのようなことを蓄積して評価していけばよいですか。

〈解〉　各単元で興味・関心の評価項目に従い，以下の方法で評価する。

(1)　挙手・発言の様子

　挙手・発言の記録を取ることで，さらに意欲を向上させることにもつながる。また，グループでの話し合いの中で生徒がどのような役割を果たし，自分の考えを積極的に発言しようとしているか評価ができる。

(2)　ノートへの取り組みや記述内容

　机間指導をしたり，ノートやレポート提出をさせたりして，ノートへの取り組みや記述内容などから，その授業に対する興味・関心を評価することができる。

(3)　振り返りの記録の分析

　毎時間の授業日記や自己評価カードを利用することで，学習について振り返りながら，興味・関心の変容を分析する。

(4)　自由追究課題への取り組みの様子

　日々の授業だけでなく，家庭の学習の様子も評価する。生徒の興味や関心を広げたり，伸ばしたりすることにつなげることができる。

　評価をすることは，教師の指導を振り返ることにつながる。特に興味や関心の評価は知識や技能の習得とは違い，生徒の思いが表出する。名簿や座席表に数字を記入するだけでなく，個々の生徒と対話をする時間を設定することが大切である。生徒の文章だけでは，授業の中の活動が見えてこない面も対話によって引き出すことができる。

共通

「ノート指導・板書」の問題

ノート指導のねらい

問①　数学科の授業において，ノートをとることのねらい，役割は何ですか。

〈解〉　数学科の授業において，ノートをとることのねらい，役割はいろいろあるが，主に，「思考をする」こととともに，「記録に残す」ことが挙げられる。特に，思考力の育成を重視する問題解決を中心とした授業では，記録を残すことが大切となる。後になり，授業を振り返ったとき，役立つノートを作成できるようにすることが求められる。

　　そのためには，問題解決の記録を残す指導が必要となる。具体的には，問題解決における自分の解決方法を記述すること，友達の考えを書くこと，数学日記（授業感想）を書くことを大切にする。自分の解決方法は，言葉や式，図，表などを用いて，根拠立てて，的確に表現できるようにする。また，解決の仕方だけでなく，考えの過程などを言葉で書き表すことで，自分の考えを見直し，よりよい解決を生み出すことにつながる。

　　さらに，比較・検討の段階で，友達の意見を聞いて，よいと思う考えや真似したい考えをノートに記述することで，新しい問題を解決するときに，自分の考えをよりよくする上で役立てることができる。その後の数学日記（授業感想）では，その時間の学習を振り返り，自分の解決方法のよさや，友達の考えの共通点・相違点，次に学習したいことなどを記述するようにする。そのことによって，自分の見方や考え方を深めたり，広げたりすることができる。

　　生徒は，1時間の授業の中で，問題解決を中心とした数学的活動を行い，ノートを使って思考し，ノートに記録する。その記録を活用することによって，「授業のノートは私の宝物」と思えるような指導を粘り強く行うようにする。

ノートの内容

問②　ノートに具体的にどのようなことを書くようになればよいですか。

〈解〉　「ノート指導・板書」問①でノート指導のねらいについて，問題解決の授業の段階に合わせて，自分の解決方法や友達の考え，数学日記（授業感想）を記述することが大切であることを述べた。その具体化として，次の内容をノートに書くようにする。

(1)　学習した日付

　　数学科の学習において，問題解決の過程で解決に至るまでにどのような既習の学習

内容を活用したのかを授業の中で明らかにし，生徒に既習内容が活用されていることを意識できるようにすることが大切となる。そのために，「学習した日付」をノートに明記させ，後の授業で確認できるようにする。そうすることで，教師が「○月○日のノートを見ましょう」と助言したり，生徒が「△月△日の学習を活用して問題が解けた」と授業の中で触れたりすることができる。このことを通して，学習時のノートの記述とともに，既習内容が活用できることを明確にできる。

(2)　問題

　授業で取り上げた「問題」をきちんと記述させることで，その問題の意味をとらえることができる。それだけではなく，後の学習で，その問題を見直したときにも学習した内容が分かり，重要な情報とすることができる。したがって，問題を丁寧に分かりやすく記述できるようにする。また，図形の論述においても，問題文のみではなく，図についても正しくかくように指導することで，問題をきちんと理解することができる面については，「図形」問⑯を参照する。

(3)　自分の考え

　「自分の考え」をかくとは，式や答えをしっかりと記述させるだけではなく，式や答えが導き出された理由や方法，過程を言葉や絵・図，表，グラフなどを使って記述することである。その際，必要に応じて，思考の補助や時間の短縮を図るプリントを配付し，ノートに貼らせた上で記述することも考えられる。このようなことの習慣化を通して，生徒の思考力や表現力を育てることができる。

　また，早く解決できてしまった生徒には，他の方法で考えるように助言するとよい。これは，別の方法でも答えは同じになるかどうかを確かめることにつながり，自分の解答の正誤を自分で判断する力も育てることができる。このようにいろいろな方法で1つの問題を考えることで，統合化，一般化を図ることができ，数学的な見方や考え方を育てる上でも役立てることができる。

　さらに，「自分の考え」を記述させるときには，誤っても消さないようにすることも留意させる。これは，正しい答えだけでなく，誤った考えを記録することで，それを振り返り，正しく導くための手だてとなるからである。

(4)　友達の考え

　数学では「より簡単にしよう」，「一般的に使えるようにしよう」，「方法や結果をこれからの学習に活用しよう」という視点をもって指導をすることが大切となる。授業の中で発表された様々な友達の考えを比較し，このような視点で検討し，見直したとき，役立つ友達の考えが見つかる。そのような友達の考えを友達の名前とともにノートに記録できるようにする。このことにより，問題の解法に困ったとき，ノートを見直して記録した友達の考えによって，解決の糸口が見つけられることがある。また，友達のよい考えを記録させておくことで，「学習した日付」と併せて，「○月○日のA

君の考えを使った」というように確認でき，既習の内容の定着ができるとともに，生徒に活躍の場を与えることもできる。

　なお，友達のどの考えをノートに記録しておくのかを選択するのは生徒自身である。しかし，生徒にこのことを任せると，ともすると発表されたすべての考えをノートに写そうとしてしまい，時間を費やしてしまうことがある。したがって，ノート指導の当初は教師が記録すべき考えについて指示することも配慮する。

(5)　授業のまとめ

　「まとめ」とは，授業の全体の場で本時の学習の要点をまとめとしてノートに記述するものである。ここでは主に次のようなことを記述できるようにする。ただし，その方法は文でまとめたり，記述した考えに線を引いて言葉を付け加えたりするなど，様々なものが挙げられる。

　　①　問題の解決に役立った考え，方法，またはその根拠
　　②　生徒の考えに共通している数学的なアイデアや原理
　　③　教師として生徒に教えるべきもの

　この①〜③は意味として重なる場合もある。ここで，例えば①，②について，「まとめ」と記述させる場合には，授業中に発表された生徒の言葉とする。生徒の言葉は同じ目線から発せられるので，生徒にとって分かりやすい。また，この後の学習で活用されたときには，それを発言した生徒の名前とともに再確認できるので，学習意欲を高めることにつながる。

(6)　数学日記（授業感想）

　授業の最後に各自が「数学日記（授業感想）」を書くことは，重要なまとめとなる。このことより，「生徒の思考過程が分かる」，「生徒の関心・意欲・態度を含めた授業の評価となる」といった教師側からの利点とともに，「授業で分かったことを整理する」「授業の中で教師に伝えられなかったことを伝える」，「1時間を振り返り，次に生かす内容を明らかにする」などの生徒側の利点も考えられる。

　授業では，学習の段階に沿って，協働的な学習を取り入れながら展開されるが，特に留意すべきことは，一人一人の生徒の学びを確かなものにすることである。数学日記（授業感想）を記述する活動が，自分の考えと友達の考えを比較した上で，自分の考えを振り返り，次の自力解決に生かしていくことになる。さらに話し合いなどを通して，自分としての新たな学びにも気付くことになる。

　数学日記（授業感想）は，生徒に自由に記述させることが原則であるが，生徒に書かせておくだけでは，自分の思考の振り返りや，次に生かすものにはならないことが多い。したがって，数学日記（授業感想）を記述する視点を生徒に与えることが必要となる。そのような主な点は，次のようである。

　・授業の中で分かったこと，気付いたこと。分かったり，気付いたりする要因に

なったこと

・友達の考えから聞いてみたいこと，思ったこと

・自分が次に考えたり，やってみたりしたいこと

　また，教師がよいと思う数学日記（授業感想）を全員に紹介することを通して，他の生徒に書き方の示唆を与えることができる。さらに，生徒が書いたものに対して，教師が励ましや助言などを書き添えることが，よりよい数学日記（授業感想）となっていく要因である。

［ノート例］

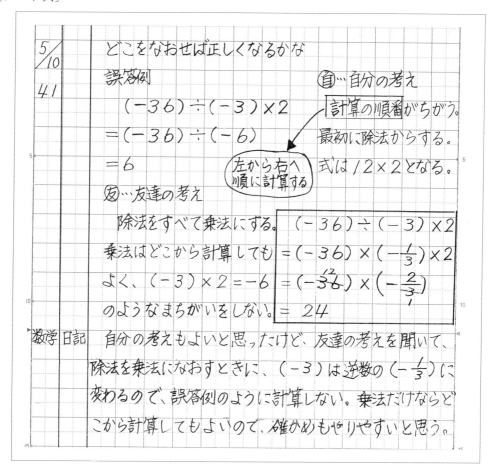

板書の構成

〈解〉　板書は，教師にとって，大切な授業の手だての１つである。それは，授業のねらい，目標や方向性を明確にしたり，生徒の考えなどを提示して学級全体で考えたりする場をつくるなどのねらいがあるからである。特に，数学科の授業においては，その考えを言葉，表，グラフ，式等で表現することを通して筋道を立てて考え，それらを板書として表すことで，生徒の考えの関係性を分かりやすくすることが求められる。そのような活動を通して，数学的な思考力や表現力を育てることができる。

　板書は，教師の覚え書きではなく，生徒の思考を整理するためのものである。したがって，乱雑に書いたり，黒板いっぱいに大量の文字を書いたりすることは好ましくない。また，授業の終末にその時間の学習を振り返ることを考えれば，書いたものをむやみに消すことも避け，学習の流れや成果がとらえやすいようにし，「１授業，１板書」を原則とする。

　必要に応じて「問題」，「友達の考え」，「まとめ」などの学習段階をマグネットカードにしておき，授業の流れに沿って順次掲示していくと生徒は見通しをもちやすい。

　また，生徒の考えに名前を明記したり，対立的・共感的かかわりについて，分かりやすいように意図的な配置をしたりする。さらに必要に応じて誤答を示すようにすることも効果的である。誤答を出す場合は，個人が特定されないようにしたり，学級の状況に応じて配慮したりする。特に誤答はどうして生まれたか，どうすれば正答を導くことができるかを板書で示すことで，正答への道筋をとらえさせることができる。

　授業計画において，板書は授業の設計図ともいえるので，事前に板書として構想を書き表しておくと，授業の流れを明確にでき，展開を見直すこともできる。

　次に，板書の構成について留意するとよい点を示すが，あくまでも一例に過ぎないので，授業の目標や内容などにより，生徒の追究の姿や方向を尊重し柔軟に対応して考える。

(1)　具体的な板書の内容

①　日付

「○月□日」または「○／□」というように学習する日付を書く。ノートにも書くように指導する。

②　問題

解決の必要感を生徒にもたせるため，問題場面や条件を工夫して分かりやすく提示するとよい。図形の論証については，図形を丁寧に正しくかく。

③　学習課題

生徒の発言内容に基づいて，気付きから問いへつなげるように進め，その授業で取

り組むべき課題を板書する。その際，課題を強調するため，赤色のチョークで囲むなど工夫するとよい。

④　見通し

問題にどのようにアプローチしたらよいかを考えさせ，生徒の発言内容に基づき，解決結果や追究方法の見通しなどを書くようにする。また，前時までの既習事項の内容や解決方法等を取り上げることも解決に向けて，有効なこともある。

図形の論証においては，問題文などから仮定と結論を明確に書くようにする。その上で，証明を進める上でのポイントを明らかにして，証明の流れ図（証明の方針）等をかくと，証明を考える上で役立つ。

⑤　生徒の考えの比較・検討

生徒の考えを比較・検討するため生徒の追究の様子を紹介する。個人追究では複数の考え方が予想されるので，それらを比較・検討して考えの共通点・相違点を明らかにしたり，曖昧な言葉を数学的な表現などに置き換えたりする。このような内容を板書として書き込める場所をあらかじめどのように配置するか考えておく。

⑥　証明

図形の論証の内容においては，仮定から結論を導く流れ図（証明の方針）を立てて，それと照らし合わせながら，証明を進めていく。特に，根拠となる部分はチョークの色を変えるなどの工夫をすると，筋道立てて考える力を育てられる。証明をして生徒が新たに疑問に思うことなどを明らかにする。

⑦　まとめ，適用問題，振り返り

1時間の授業の板書を振り返り，生徒が比較・検討して気付いたことや，授業のまとめなどを生徒の言葉として板書する。適用問題等を通して習熟や確認の意味でも板書が利用できる。

⑵　基本的な授業の割り付け例と具体例

①　割り付け例

② 具体例（第1学年　単元：変化と対応）

| プリントを人数分に分ける方法を考えよう |

問題

生徒会で配るプリントが大量に用意されています。

これを学年の生徒数ずつの束に分けるにはどうしたらよいですか。

1 年 195 人
2 年 205 人
3 年 210 人

予想

・200 枚の束を作って，それと同じ高さの束を2つ作る。
・紙の高さを測ればいい。
・紙の重さを量ればいい。

⬇

25 枚で 80 g

Aさん

$$25 : 80 = 195 : x$$
$$25x = 15600$$
$$x = 624$$

624 g 分が1年生の枚数

Bさん

紙の重さと枚数は比例するから，

$$y = 80, \ x = 25$$
$$y = ax$$
$$80 = 25a$$
$$a = \frac{16}{5}$$

$$y = \frac{16}{5}x$$

$$y = \frac{16}{5} \times 195$$
$$y = 624$$

ポイント

・式ができると，式に数をあてはめて求められるから便利。

2 年生

$$y = \frac{16}{5} \times 205 = 656$$

3 年生

$$y = \frac{16}{5} \times 210 = 672$$

⇨

問 960 g は何人分

$$960 = \frac{16}{5}x$$
$$x = 300$$

300 枚

(3)　論証の授業の割り付け例と具体例

①　割り付け例

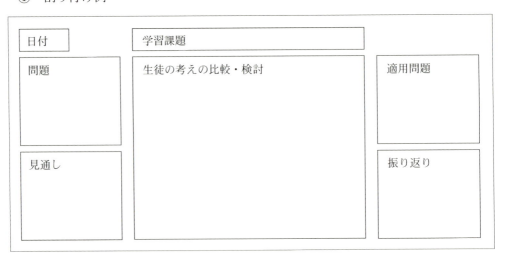

日付	学習課題
問題	生徒の考えの比較・検討	適用問題
見通し		振り返り

② 具体例（第3学年　単元：図形の性質と証明）

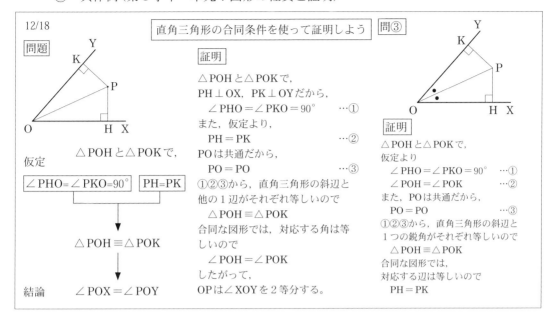

ノート指導の工夫

> **問④** 生徒が自らつくるノートとするためには，どのような指導の工夫をすればよいですか。

〈解〉　生徒が自ら考え，つくるノートは，当初より教師が基本的な形を繰り返して指導する必要がある。そのような指導の上で，生徒がノートへの記述に慣れた頃，次のような視点（例）をもちながら工夫していくとよい。

① 間違いは簡単に消さない。

② いつの学習内容が活用されているかを明示する。

③ 授業中，分かったこと，気付いたことを，例えば独自のキャラクターをつくり，それによる吹き出しなどで記述する。

　上の①，②は，「ノート指導・板書」問**2**でも触れたので参照されたい。③については，生徒の中にもう一人の「指導者としての自分」をつくることになるので有用と考える。

　この他にも「自分の考え」を⑭，「友達の考え」を⑮と省略して表す工夫をする生徒が現れることも考えられる。このような工夫を全体に紹介することで，ノートを大切にし，工夫しようとする態度が見られるようになる。

　ノート指導の実際は，記述する時間やその内容は，個人差が生じやすいことが多い。しかし，多少のずれは生じても，ノートへの記述の時間を確保することが大切となる。ノートに自分の考えを表現する活動の当初は，多くの時間を費やすことが予想されるが，次第に生徒はノートへの記述に慣れ，表現することがスムーズになっていくと考

えられる。したがって，教師の粘り強い丁寧な指導が必要となる。

ノートの種類

問⑤　数学のノートは方眼ノートが一番適しているのですか。

〈解〉　小学校から方眼ノートを使っていた生徒は，ノートの使い方などを学んできているので，中学校においても継続して方眼ノートを使用することが望ましい。

　　　　大学ノートや1cm以上のマスのノートを使わせることもあるが，作図する上では方眼ノートが適切と考えられる。また，文字の大きさについて，ばらつきが生じてノートが上手にまとめられないことがあるので，方眼の大きさについて中学校では小学校の高学年で使用する5ミリ方眼が適切であると考えられる。

　　　　なお，方眼ノートを使うメリットとしては，次の点が挙げられる。

(1)　書く数字や単位，記号の大きさがそろう。

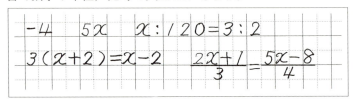

(2)　表や図形などをノートにかきやすい。

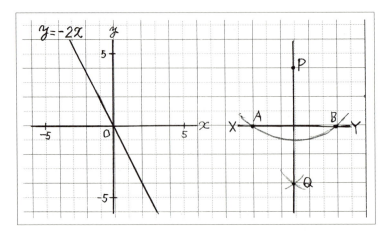

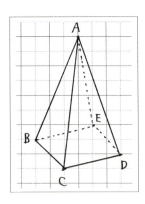

(3)　グラフや座標などをかかせるときにも方眼のマス目を利用できる。

文字式，方程式のノートの書き方

> **問⑥** 第1学年「文字の式」で，式の加減の計算をする場合や，方程式を解く場合，どのようなノートの書き方をさせたらよいですか。

〈解〉 　5ミリ方眼ノートに書いた場合，行間に矢印や下線，訂正などが書き込めるので，1行おきに書かせるようにする。計算では，途中の式や根拠になることを丁寧に書くように指導する。計算の間違いがないようにするが，間違いをした場合は消すことなく，隣にやり直しをしていくようにする。途中の式を書かずに，分配法則後の数や文字式だけをメモのように記すと，符号の間違いが起きることがあるので留意させる。式の加減の計算や文字を用いた式の計算は，1つの式をより簡略された式に変形していくことを意味するので，等号は問題の下の段の先頭にそろえて書くよう指導する。

［例1］

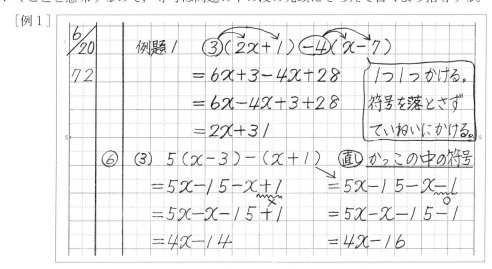

　また，方程式を解くことは，1つの等式をより簡略で同値な関係にある他の等式に変形していくことを意味するので，等号は問題の中にある等号の下にそろえて書く。

［例2］

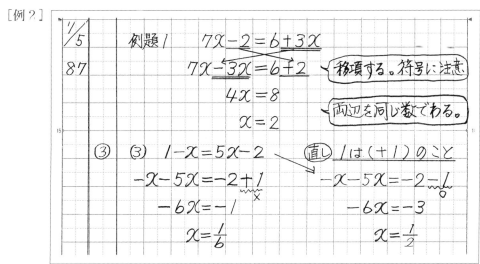

式の書き方

問⑦　ノートに式を書く過程で,「＝」を縦にそろえて書かないといけないのですか。

〈解〉　「＝」は,式の計算や方程式の学習から2つの式をつなぐ意味として,中学校より使われる。方程式の場合は等式の変形を利用しているので,縦にそろえて解く過程を書く必要がある。式の計算の場合は,必ずしも「＝」を縦にそろえなければいけないということはないが,「＝」を縦にそろえた方が見直すときに,式の変形において対応している式に気付きやすいので,縦にそろえて書くように指導する。

(1)　「＝」を横に書く場合

$$\underline{12 \div (-2)} + \underline{(-2) \times (-1)} = -6 + 2 = -4$$

となり,四則計算の順番から下線を付けた $12 \div (-2) = -6$, $(-2) \times (-1) = 2$ であることの計算の確認に,視線を大きく動かす必要がある。

(2)　「＝」を縦にそろえて書く場合

$$\underline{12 \div (-2)} + \underline{(-2) \times (-1)}$$
$$= -6 + 2$$
$$= -4$$

$$\underline{12 \div (-2)} + \underline{(-2) \times (-1)} = -6 + 2$$
$$= -4$$

となり,求める問題の式を常に意識させることと,式がどのように変形されていくかを分かりやすくするために,計算結果を真下に書くようにすると,計算の確認が視線を大きく移動させずに計算できる。

移項の書き方

問⑧　「数と式」領域の問題を解くとき,移項した項は後ろに書くべきですか。

〈解〉　移項した項は式のどこに置いても間違いではない。

　　ただし,等式の変形のように,移項した後,式が多項式になる場合は,①アルファベット順に,②次数の高い項の順に,式を整理するのが一般的である。一次方程式では,移項した項を左辺や右辺の後ろに書くことが多い。

［例1］　等式の変形

　「$x + y = 8$」を,xについて解く場合,「$x = 8 - y$」と書いてもよいが,式を整理して,$x = -y + 8$ と書く方が一般的である。

［例2］　一次方程式

　「$10 + 19x = 4x - 5$」の左辺の10,右辺の$4x$を移項する場合,「$19x - 4x = -5 - 10$」とする。移項した場合,符号が変わって負の符号が付くことがある。移項して符号が変わったことをはっきりさせるためにも,後ろに書いた方が間違いが少ないと考えられる。

図形の基本作図

問⑨　図形領域でのノート指導は，どのようなことに注意するとよいですか。特に，第1学年図形の用語，記号，基本の作図はどのようにノートにかかせたらよいですか。

〈解〉　図形領域でのノート指導は，次のことに気を付けて行うとよい。

(1) 図形をかく際は，定規，コンパス，分度器を使って大きめにかく。

(2) 図形を表す記号（A，B，C，……，⊥，∠ 等）は分かりやすくかく。

(3) 図形の用語は，図形とともにまとめておく。

［例1］

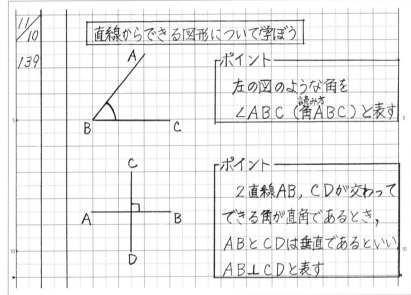

(4) 作図に使った補助線は消さずに残す。

(5) 作図の手順はまとめて整理しておく。

［例2］

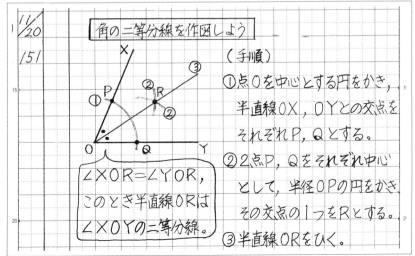

図形の証明

問⑩ 図形の証明をする場合，どのようにノートに書かせたらよいですか。

〈解〉　まず，命題の条件にあった図形を正確にかき，次に命題を仮定と結論に分けて整理し，その後，論証の見通しとなる自分の考えを書くように指導する。

　　　　自分以外の人が見たときに分かりやすく書くことが証明では大切である。そのため，式の書き方，改行，余白（スペース）などをうまく使い，見やすいものにする。このようなノートを板書で示すこともあるので生徒にも丁寧に書かせるようにする。

［例］

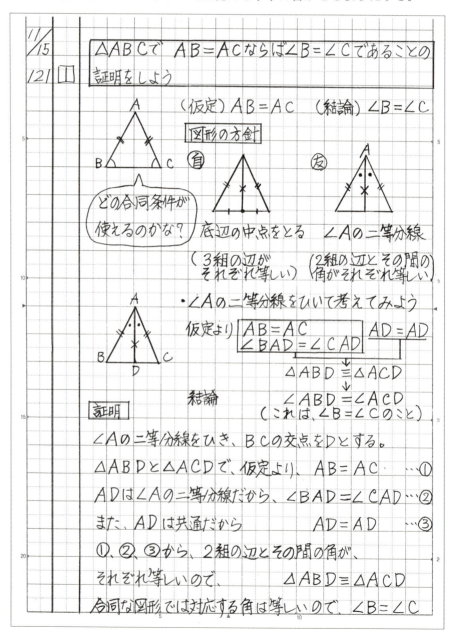

138

○　指導するときの留意点

・どの図形に注目するのか書く。（結論となる図形に着目する。）

・等しい辺や角を順にかく。（文字が対応するように気を付ける。）

・文章が長い場合は改行する。

・「＝」，「≡」，「∽」は１つの証明の中で，縦一列の位置に揃っているとよい。

・事柄の根拠を表す合同条件，相似条件，理由などは丁寧に書く。

・「二辺夾角相等」など省略して書く生徒もいるが，教科書に準じて正確に書く指導をする。

度数分布表のかき方

問⑪　度数分布表などをノートにかくと時間がかかるのですが，ノートへのまとめ方で留意することは何ですか。

〈解〉　度数分布表をノートにかくと時間がかかる。これは，階級の幅を決めたり，その階級の度数を調べたり，表を作成したりする上で，手間がかかるためである。

指導に当たっては，教師が生徒の状況や学習内容に合わせて，右の図のような度数分布表の枠を作成し，資料の内容や階級の幅が自由に変えられ，ノートに貼れるサイズのものを配付してもよい。

調査内容（単位）	席数（単位）
以上　　　未満	
①　～	
②　～	
③　～	
④　～	
⑤　～	
⑥　～	
合　計	

次に，階級の幅を決める上では，「関数・統計」問⑳を参照する。特に階級の幅を変更する必要が生じたとき，階級の度数を「正」の文字を用いて数えている場合は，はじめから数え直さなければならない。そのため，次のような表を作っておくと階級の幅を変更したときも，度数分布表の修正は比較的に容易である。

［例］　A中学校１年１組男子20名の50m走の記録

	7.9			
	7.8			
	7.6	8.8		
	7.6	8.5	9.6	
	7.6	8.3	9.6	10.7
	7.4	8.3	9.3	10.3
6.7	7.0	8.1	9.0	10.2
6.0 秒以上 7.0 秒未満	7.0 秒以上 8.0 秒未満	8.0 秒以上 9.0 秒未満	9.0 秒以上 10.0 秒未満	10.0 秒以上 11.0 秒未満

また，各階級の度数を調べる上でも，上の表のように，データを順序よく並べておけば数えやすく，ヒストグラムのイメージももたせやすい。

文字の書き方

問⑫ 文字は，必ず筆記体で書くように指導した方がよいのですか。

〈解〉 　文字と数字や符号の表記が似ていて，間違えやすいという理由から，板書やノートへの文字の表記については，筆記体で書くことが望ましい場合もある。

　しかし，現在の英語科の授業では，筆記体の書き方は必修ではないため，ブロック体でアルファベットを書くことがほとんどになっているので，生徒はアルファベットを筆記体で書くことができない。

　数学科の授業では，文字の記述は筆記体，ブロック体のどちらでもよい。しかし，「b」は，「6」と間違えやすいため筆記体で書き，ブロック体と区別して表すことがある。また，「x」は「×」と間違えるのを防ぐため，右のように筆記体ともブロック体とも違う書き方で表すとよい。Zは「2」と区別するため，「Ƶ」のように真ん中に点を入れることが多い。

「×」と混同しやすい

数字の書き方練習

問⑬ 数字をきちんと書けない生徒がいます。お手本となるものはありませんか。

〈解〉 　数字や文字は習い始めにきちんと指導しておくことが大切である。そのため，数字は小学生のうちにきちんと書く習慣をつける。中学生になって，きちんと書けていなければ，必要に応じて，次のような練習用紙を用いて指導するとよい。

数字練習用紙	年　　　　組　名前（　　　　　　　）
0 1 2 3 4 5 6 7 8 9	0 1 2 3 4 5 6 7 8 9

[参考文献]

・G・ポリア　柿内賢信訳『いかにして問題をとくか』（丸善, 1954）

・岡崎市現職教育委員会算数・数学部『算数・数学「一問一答」』（研文印刷社, 1980）

・文部科学省『中学校学習指導要録解説　数学編』（教育出版, 2008）

・国立教育政策研究所教育課程研究センター
　　『全国学力・学習状況調査　解説資料　中学校数学』（2009, 2012, 2014）

・岡崎市算数・数学教育研究部
　　『新・算数指導の疑問これですっきり It's OK！』（黎明書房, 2012）

　なお，中学校教科書，その指導書等（学校図書，教育出版，啓林館，数研出版，大日本図書，東京書籍，日本文教出版）を参考にし，準拠するようにしました。

おわりに

　江戸時代の日本では，額や絵馬に和算の問題や解法を記した「算額」を神社や仏閣に奉納する風習がありました。これは，和算において，問題が解けたことを神仏に感謝し益々勉学に励むことを祈念したり，人に知らせ研究発表の場としたり，流派などの勢力を示したり，また先生の米寿等を祝福したり先生の没年を記念したりするなどの目的で掲げられました。

　今回，私たちが上梓した『中学校数学指導の疑問これですっきり』は，まさにそのような意味が重なり合って形となりました。日頃より岡崎市算数・数学部の教員一人一人が毎日の授業実践を通して，数学教育を地道に研究してきました。それを毎月の自主研修会「読書会」で発表し，議論し合ってきた成果を本書として示し，このように出版を通して世に問うこととなりました。しかし，簡単にそうは言うものの，いざ原稿執筆となるとなかなかうまく進まなかったのが事実で，この執筆，編集の過程を通しても，さらなる数学教育の研鑽が図られました。また，本書は『新・算数指導の疑問これですっきり It's OK！』（2012，黎明書房）と姉妹本となり，義務教育を通した算数・数学教育について著すことができました。そのような営みを通して，岡崎市算数・数学部の指導力のレベルアップが図られ，明日からのよりよい算数・数学科の授業につながっていくことを信じています。

　また，私たちの先輩である岡崎市算数・数学部代表部長の加藤政幸先生をはじめ，7名の先生方が今春ご勇退されます。この先生方は，岡崎市算数・数学部の活動が全国に問われるまでになる上で，多大なるご尽力をされた方々ばかりです。そのことに感謝する意味も含めて，出版ができましたことを喜んでいます。さらに，本書は，昭和55年に本会が著した『一問一答』「中学校の部」をもとにしています。私たちは，その当時の諸先輩方の肩の上に立たせていただいて，今日のこの出版があることも忘れてはなりません。

　まさに，本書は江戸時代でいう，現代の私たちの「算額」となりました。本書の内容が，数学教育をよりよく議論する1つの資料となればこの上ない幸せです。

　終わりに，本書の編纂に，また日頃より私ども岡崎市算数・数学部に対し懇切丁寧なご指導いただいています愛知教育大学名誉教授柴田録治先生，元三河教育研究会算数・数学部長三浦鎌次先生，発刊へご尽力いただきました黎明書房社長武馬久仁裕様，編集部伊藤大真様に深く感謝申し上げます。

　　平成29年1月

岡崎市現職研修委員会算数・数学部長　髙須　亮平

編集に関わった人

柴 田 録 治（愛知教育大学名誉教授）

加 藤 政 幸（岡崎市立翔南中学校長）
田 村 康 則（岡崎市立連尺小学校長）
髙 須 亮 平（岡崎市立梅園小学校長）

大 西 和 夫（岡崎市立六ツ美南部小学校長：関数・統計担当）
加 藤 嘉 一（岡崎市立六ツ美中部小学校長：数と式担当）
鈴 木 康 子（岡崎市立常磐東小学校教頭：ノート指導・板書担当）
鈴 木 勝 久（岡崎市立連尺小学校教頭：関数・統計担当）
深 津 伸 夫（岡崎市立六ツ美北中学校教頭：共通担当）
平 　 任 代（岡崎市立城北中学校教諭：図形担当）
塚 谷 　 保（岡崎市立井田小学校教諭：数と式担当）

永 井 利 昌（岡崎市立甲山中学校教諭：ノート指導・板書担当）
畔 柳 英 徳（岡崎市立葵中学校教諭：数と式担当）
佐 橋 康 仁（岡崎市教育委員会学校指導課指導主事：ノート指導・板書担当）

林 　 正 彦（岡崎市立額田中学校教諭：数と式担当）
栗 山 茂 三（岡崎市立竜海中学校教諭：数と式担当）
北 村 優 也（岡崎市立美川中学校教諭：数と式担当）
岩 野 慎 也（岡崎市立井田小学校教諭：数と式担当）
国 分 貴 寛（岡崎市立六ツ美北中学校教諭：数と式担当）
稲 垣 有 希（岡崎市立男川小学校教諭：数と式担当）
岡 田 淳 也（岡崎市立福岡中学校教諭：数と式担当）
三 原 拓 郎（岡崎市立矢作中学校教諭：数と式担当）
真 木 芳 衛（岡崎市立六名小学校教諭：図形担当）
太 田 幹 彦（岡崎市立常磐中学校教諭：図形担当）
橋 本 祥 太（岡崎市立矢作北中学校教諭：図形担当）
松 金 正 樹（岡崎市立矢作北小学校教諭：図形担当）
佐 藤 あかね（岡崎市立梅園小学校教諭：図形担当）
小 山 岳 彦（岡崎市立六ツ美中学校教諭：関数・統計担当）
山 本 　 梓（岡崎市立岩津中学校教諭：関数・統計担当）
田 中 大 貴（岡崎市立翔南中学校教諭：関数・統計担当）
林 　 　 秀（岡崎市立上地小学校教諭：関数・統計担当）
畑 　 小 普（岡崎市立竜美丘小学校教諭：関数・統計担当）
鋤 柄 光 治（岡崎市立南中学校教諭：関数・統計担当）
神 谷 尚 希（岡崎市立矢作南小学校教諭：関数・統計担当）
林 　 俊 樹（岡崎市立大門小学校教諭：ノート指導・板書担当）
小 島 由起子（岡崎市立甲山中学校教諭：ノート指導・板書担当）

監修者紹介

柴田録治

1935 年生まれ。愛知教育大学名誉教授。元愛知教育大学附属岡崎中学校長。

〈著書・訳書等〉

M．クライン『数学教育現代化の失敗―ジョニーはなぜたし算ができないか―』（監訳，黎明書房，1976），『算数科わかる発問の授業展開』（共編著，明治図書出版，1983），『これから教師になる人のための算数と数学』（共著，黎明書房，1994），『算数・数学科教師の現職教育の実態と今後の発展的姿の同定―岡崎市の事例を中心に―』（愛知教育大学，1997），『子どもがよくわかる算数の教え方〈低学年〉〈中学年〉〈高学年〉』（監修，岡崎市算数・数学教育研究部編著，黎明書房，1998），『イプシロンと私―数学教育の教材研究―』（柴田録治先生ご退官記念論文集刊行委員会著，東洋館出版社，1999），『算数科問題解決型授業作りのノウハウ』（監修，愛知教育大学附属名古屋小学校算数部編著，明治図書出版，2000），『補充・発展　算数学習スキルアップシート〈低学年〉〈中学年〉〈高学年〉』（監修，岡崎市算数・数学教育研究部編著，黎明書房，2004），『新・算数指導の疑問これですっきり　It's OK！』（監修，岡崎市算数・数学教育研究部編著，黎明書房，2012）など。

編著者紹介

岡崎市算数・数学教育研究部

愛知県岡崎市内の小・中学校教師約 220 名で組織している。1956 年の発足以来，教科書研究，教材研究，授業研究を継続して行う。

〈著書〉

『算数・数学「一問一答」』（研文印刷社，1980）

『算数指導の疑問これですっきり』（黎明書房，1981）

『算数が好きになる指導のアイデア』（黎明書房，1989）

『算数・数学授業研究　教育実践論文 16』（ヨシノ印刷，1992）

『改訂版　算数指導の疑問これですっきり』（黎明書房，1993）

『子供の意欲を高める学習課題のアイデア』（明治図書，1995）

『子どもがよくわかる算数の教え方〈低学年〉〈中学年〉〈高学年〉』（黎明書房，1998）

『授業力アップ！36 選〈1 ～ 3 年編〉〈4 ～ 6 年編〉』（明治図書，2003）

『補充・発展　算数学習スキルアップシート〈低学年〉〈中学年〉〈高学年〉』（黎明書房，2004）

『基礎基本定着テスト&発展補充ミニ教材集〈中学 1 年〉〈中学 2 年〉〈中学 3 年〉』（明治図書，2005）

『『確かな学力』を育てる算数授業 72 選』（明治図書，2006）

『算数・数学授業研究　教育実践論文 21』（大日出版，2008）

『活用する力を育てる　算数ワークシート集〈低学年〉〈中学年〉〈高学年〉』（明治図書，2009）

『新・算数指導の疑問これですっきり It's OK！』（黎明書房，2012）など。

〈代表者連絡先〉

〒 444-0015　愛知県岡崎市中町北野東 20-1

岡崎市立甲山中学校内

永井利昌

TEL：0564-22-2664 ／ FAX：0564-22-2665

イラスト：さややん。

中学校数学指導の疑問これですっきり

2017 年 1 月 15 日　初版発行	監修者	柴田録治
	編著者	岡崎市算数・数学教育研究部
	発行者	武馬久仁裕
	印刷	藤原印刷株式会社
	製本	協栄製本工業株式会社

発行所　　　　株式会社　黎明書房

〒 460-0002　名古屋市中区丸の内 3-6-27　EBS ビル

☎ 052-962-3045　FAX 052-951-9065　振替・00880-1-59001

〒 101-0047　東京連絡所・千代田区内神田 1-4-9　松苗ビル 4 階

☎ 03-3268-3470

落丁本・乱丁本はお取替します。　　ISBN978-4-654-01938-0

© R.Shibata, Okazaki-shi Sansu-Sugaku Kyoiku Kenkyubu 2017, Printed in Japan